THOMAS COVILLE

La quête de l'ultime

Scénario

ALEXANDRE CHENET

Dessin et couleur

RENAUD GARRETA

DARGAUD

PARIS BARCELONE BRUXELLES HONG KONG LAUSANNE LONDRES MONTREAL NEW YORK SHANGHAI

L'homme se découvre quand il se mesure à l'obstacle : cette phrase d'Antoine de Saint-Exupéry dans *Terre des hommes* a résonné dans ma tête pendant des années avant que j'en comprenne toute la force. J'ai vécu cette phrase dans mon corps et dans mes gestes, qu'ils soient engagés ou ordinaires. Être à mon tour un pionnier, témoin de mon époque, et construire autour de ces mêmes valeurs de l'amitié et de la fraternité une histoire qui nous dépasse. Utiliser moi aussi la technologie disponible et le progrès pour rapprocher les hommes. En me confrontant à l'espace et au temps, en décidant que mon désert serait liquide et à l'échelle de la planète tout entière, j'ai repoussé mes rêves.

J'ai offert mon histoire à Alexandre et Renaud pour qu'ils en fassent le meilleur usage. C'était une partie de mon histoire, de notre histoire, mais elle ne m'appartenait plus. Nous en avons parlé quelques heures durant, puis je leur ai laissé carte blanche ou plutôt feuille blanche pour qu'ils se sentent libres de créer et d'être les vrais auteurs et artistes de ce livre. Je tiens à les remercier du respect et de l'honnêteté dont ils ont fait preuve dans la retranscription de nos échanges et de ce qu'ils en ont saisi. Tout est vrai, même si c'est leur vision, leur perception et leur création. Alexandre et Renaud ont la sensibilité des artistes qui saisissent et traduisent le monde qui les entoure.
Je ne m'attendais pas à une telle réalité dans leur travail. C'est juste et précis, ce n'est pas une ode mais ils sont restés bienveillants et honnêtes dans l'humanité de cette épopée.

Merci à tous les deux.

Thomas

Je ne sais pas si j'ai le droit de remercier ou de dédier ce livre, ne l'ayant pas écrit. Mais si je pouvais, tout de même, remercier cette équipe qui m'a soutenu dans cette aventure du trophée Antoine de Saint-Exupéry, trophée du record du tour du monde à la voile en solitaire : d'Olivier de Kersauson à Jean-Christophe, Élie, Jean-Luc, les Thierry, Sam, les Freds, Alexis, Fabienne, Loïc, Jean-Marie, Olivier, Erwan, Martial, Léo, Yves, Jean-Mathieu et Quentin.

Mais aussi et surtout à cette entreprise vendéenne Sodebo qui m'a donné du temps, le temps de comprendre sans juger mais en m'accompagnant toutes ces années. Visionnaires dans leur domaine, ils ont un regard sur le monde qui m'inspire et me porte. Joseph, Simone, Marie-Laurence, Gaël, Patricia, Jean-Francois, Bénédicte, Francis sont les géniteurs et instigateurs de mes rêves

Et enfin Jane, Eliott et Cathy, qui m'ont protégé et soutenu de leur amour et leur tendresse pour faire de ces années de bottes lourdes le scénario de ce trophée Antoine de Saint-Exupéry en 49 jours 3 heures et 18 secondes.

POURQUOI PAS

par Jacques Gamblin

J'aime la mer, dessus, dedans, dessous. J'y suis né. J'aime hisser une voile et partir sur les îles d'en face en me prenant pour un aventurier. J'aime ce peu que je sais faire et m'en satisfais.

J'ai visionné des documentaires sur des expéditions de haut vol et à hauts risques, j'ai lu des livres témoignages de tourdumondistes de toutes époques et d'explorateurs de toutes générations, j'ai suivi jour après jour des marins qui vont vite et qui vont loin, addict des vacations audio ou vidéo de skippers en course sur des sites ou des télévisions, des interviews de ces hommes et ces femmes qu'on prétend taiseux car il leur est impossible de dire, car les mots qui sortiraient de leur bouche seraient trop petits pour exprimer le trop grand. J'ai correspondu quotidiennement avec Thomas Coville lors de ses tentatives de record en 2014 et 2016, j'ai vécu à distance respectable ses moments de joie ou de désespoir intenses...

Je ne me suis jamais pris pour ces gens-là. Je n'ai toujours été qu'un observateur de l'impossible devenu possible, au mieux un modeste accompagnant.
Je les admire pour leur détermination, leur acharnement, leurs risques, leurs connaissances d'une richesse et d'une complexité sans limite, leur inventivité en toute situation, leur courage et leur peur d'avoir peur.
J'aime l'éphémère et la gratuité d'une victoire ou d'un record, cet acte sportif qui engage la tête et les jambes à part entière et sans concession. Mais au-delà de tout cela, j'aime le mystère que cela provoque en moi et que l'on ne puisse répondre à la question *pourquoi* que par un *parce que* solitaire.
Pourquoi aller si loin ? Parce que.
Pourquoi vouloir aller si vite ? Parce que.
Pourquoi prendre autant de risques ? Parce que.
Le dessin de cet album est précis, beau, juste et nous embarque là-bas, de l'autre côté, les mots et les pensées comme des vagues.
Il est un témoignage si élégant, si riche, si complet et si talentueux du travail – car cela demeure un travail même si la passion s'en mêle – de cet homme-là qui s'appelle Thomas Coville et qui est un homme d'exception.
Oui, ce que j'aime le plus dans toutes ces aventures témoignantes, documentées et parfois comme ici artistiques, c'est qu'elles tentent – au point même d'engager désormais à bord de ces coursiers des mers qu'on appelle Ultims un média man – de relater au plus près l'extraordinaire événement que sont ces traversées. Et pourtant c'est l'impossibilité à trouver réponse qui nous fait cadeau, sur ce qui anime ces êtres, sur ce qui remue dans les hémisphères de leur cerveau ou qui étincelle sous leur peau à chaque seconde de leur folle aventure.
Au final, il n'y aura pas de réponse non plus à cet homme ou cette femme qui construit une tour Eiffel en coquilles de palourdes, qui collectionne les cartes postales du 15 janvier 1873 ou qui traverse la France à cloche-pied.
Non, il n'y a pas de réponse. Ne leur posons pas la question *pourquoi ?*, cela les déstabilise inutilement et bloque au portillon de leurs cordes vocales les pensées qui pourraient nous faire surprise et les surprendre eux-mêmes.
Avant de vous quitter, avant que vous ne preniez le large et sur les grandes longueurs, que vous ne surfiez sur les bleus, les verts et les gris-bleus de ces images, il me vient tout de même une réponse, celle de Thomas lui-même :
Parce que j'ai besoin dans ma vie, même une seule seconde, de me sentir unique.

Jacques Gamblin est comédien, auteur et grand ami de Thomas Coville. Il a notamment écrit et joué *Je parle à un homme qui ne tient pas en place*, texte issu de la correspondance qu'il a entretenue avec Thomas lors de sa 4e tentative de record autour du monde en solitaire et édité aux éditions des Équateurs.

PORT DE BREST.
DÉCEMBRE 2023...
ÇA Y EST.
CETTE FOIS, ON Y EST.

ÇA FAIT DES ANNÉES QUE JE COURS APRÈS ET MAINTENANT C'EST LÀ. DANS QUELQUES HEURES ON SERA SUR LA LIGNE DE DÉPART...
EN SOLITAIRE SUR LE PARCOURS LE PLUS EXIGEANT ET AVEC LES BATEAUX LES PLUS RAPIDES AU LARGE.
ET ÇA NE SERA QU'UNE ÉTAPE...
ÇA N'EST TOUJOURS QU'UNE ÉTAPE, L'ULTIME NE SE CONJUGUE QU'AU PRÉSENT. ON TRAVERSE L'ATLANTIQUE PUIS ON TOURNE AUTOUR DU MONDE. ON S'ÉLANCE EN ÉQUIPAGE PUIS EN SOLITAIRE, EN MONOCOQUE PUIS EN MULTICOQUE. ÉTAPE APRÈS ÉTAPE.

DE L'ATLANTIQUE AU TOUR DU MONDE, JE COMPRENDS LA PROGRESSION, MAIS DU MONOCOQUE AU MULTICOQUE, C'EST SI DIFFÉRENT ?
C'EST INCOMPARABLE ! INCOMPARABLE.
ON NAVIGUE TOUJOURS AUX LIMITES DU CHAVIRAGE, C'EST LÀ OÙ ON VA LE PLUS VITE. MAIS UN TRIMARAN RETOURNÉ, À L'INVERSE D'UN MONOCOQUE, ÇA NE REVIENT PAS À L'ENDROIT. TU CHERCHES À ÊTRE TOUJOURS SUR LE FIL SANS AVOIR LE DROIT À L'ERREUR.
EN MONOCOQUE, UN TOUR DU MONDE EN SOLITAIRE, C'EST AUTOUR DE 70 JOURS. EN TRIMARAN, ON VA PASSER SOUS LES 40 JOURS. L'ENGAGEMENT QUE CELA DEMANDE EST INCOMPARABLE...
INCOMPARABLE, ABSOLUMENT.
ET POURQUOI UNE COURSE, LES RECORDS NE TE SUFFISAIENT PLUS ?
EN COURSE, TU PARS AVEC TES CONCURRENTS. TON BUT CE N'EST PAS TANT D'ALLER LE PLUS VITE POSSIBLE QUE D'ÊTRE DEVANT LES AUTRES. CE N'EST PAS LA MÊME LOGIQUE, PAS LA MÊME STRATÉGIE QUE TU PEUX DÉVELOPPER.
EN RECORD, TU TE CONFRONTES AU DERNIER BATEAU QUI L'A EMPORTÉ, ÇA PEUT ÊTRE PLUSIEURS ANNÉES AVANT, DONC AVEC UNE AUTRE MÉTÉO ET DES ÉPOQUES TECHNOLOGIQUES DIFFÉRENTES. LE RECORD EST UN EXERCICE BEAUCOUP PLUS ALÉATOIRE QUE LA COURSE, LA DIMENSION D'AVENTURE Y EST PLUS FORTE.
EN COURSE, IL Y A UNE LIGNE DE DÉPART ET UNE LIGNE D'ARRIVÉE, LE RESTE... C'EST DU "POURQUOI PAS", DE L'INTERPRÉTATION. LA COURSE, C'EST LE CONTACT, LE SOMMET DU SPORT.
MAIS SOUVENT, IL FAUT QU'IL Y AIT EU DES RECORDS POUR QU'ON OSE IMAGINER UNE COURSE. QUE PLUSIEURS CONCURRENTS ET CONCURRENTES SE DISENT QU'Y ALLER EST POSSIBLE.
SODEBO

BREST OCEANS, PREMIÈRE ÉDITION.
LES TRIMARANS OCÉANIQUES LES PLUS PERFECTIONNÉS. DES SKIPPERS AUX PALMARÈS RAREMENT ÉGALÉS.
NOUS SOMMES AU MOIS DE DÉCEMBRE 2023.
ET POURQUOI COURIR APRÈS CET ULTIME ?
PARCE QUE J'AI COMPRIS QUE MA SINGULARITÉ, MON ABOUTISSEMENT PERSONNEL ÉTAIENT LÀ.
SALUT THOMAS ! ON TE RETROUVE ICI DANS 40 JOURS !!!
JE L'AI COMPRIS UN JOUR DE 1994. J'ÉTAIS DANS L'ÉQUIPE DE LAURENT BOURGNON POUR PRÉPARER SON BATEAU POUR LA ROUTE DU RHUM, LA TRAVERSÉE DE L'ATLANTIQUE EN SOLITAIRE. IL S'ALIGNAIT DANS LA CLASSE REINE, CELLE DES TRIMARANS...
... ET IL REMPORTE L'ÉPREUVE !
BANG !
J'ÉTAIS À POINTE-À-PITRE POUR L'ACCUEILLIR ET QUAND J'AI VU L'ÉMOTION SUR SON VISAGE... IL ÉTAIT FOU, C'ÉTAIT FOU !! GAGNER CETTE COURSE ÉTAIT DEVENU SON OBJECTIF ABSOLU ET IL Y ÉTAIT. J'AI SU À CE MOMENT-LÀ QUE C'ÉTAIT À ÇA QUE JE VOULAIS ME CONSACRER : VIVRE UN DE CES MOMENTS ULTIMES.
SEULEMENT JE COMPRENAIS AUSSI QU'IL NE ME SUFFIRAIT PAS DE GAGNER UNE COURSE. QU'IL FALLAIT QUE JE TROUVE MON OBJECTIF, CELUI QUI ME DÉFINIRAIT VRAIMENT. CELUI QUI SERAIT MA SINGULARITÉ.
J'ALLAIS METTRE 10 ANS À TROUVER CET OBJECTIF.

ON EST ALORS EN 2005, À LA CONJONCTION DE DEUX ÉVÉNEMENTS. D'UN CÔTÉ, ON A DES TRIMARANS AUX SENSATIONS INCROYABLES, LES ORMA, TRÈS RAPIDES, TRÈS JOUEURS, MAIS AUSSI TRÈS INSTABLES, VRAIMENT RISQUÉS. TRAVERSER L'ATLANTIQUE EN SOLITAIRE À LEUR BORD ME SEMBLE LE MAXIMUM QUE L'ON PEUT TENTER. D'UN AUTRE CÔTÉ, FRANÇIS JOYON, EN 2004, VIENT D'ÉTABLIR LE PREMIER TEMPS DU RECORD DU TOUR DU MONDE EN TRIMARAN, EN SOLITAIRE ET SANS ESCALE. C'EST UN EXPLOIT PRODIGIEUX, RÉALISÉ EN 72 JOURS, AVEC UN BATEAU MIS À L'EAU EN 1986, QUI NE BÉNÉFICIE PAS DES AVANCÉES TECHNOLOGIQUES ET CONCEPTUELLES RÉALISÉES DEPUIS. ELLEN MACARTHUR SE LANCE À SON TOUR EN 2005, GAGNE UNE JOURNÉE SUR LE TEMPS DE FRANCIS, ET SI SON BATEAU EST RÉCENT, PRÉVU POUR CE TOUR DU MONDE EN SOLITAIRE, IL RESTE TRÈS "SAGE". IL EST DANS L'ÉVOLUTION ET L'AMÉLIORATION DU TRIMARAN DE JOYON MAIS N'A PAS INTÉGRÉ LA RUPTURE TECHNOLOGIQUE QU'ONT ÉTÉ LES ORMA. 2005 EST DONC UNE PÉRIODE CHARNIÈRE, LE TOUR DU MONDE EN SOLITAIRE EN TRIMARAN EST DEVENU UNE RÉALITÉ ET DE NOUVELLES TECHNOLOGIES N'ATTENDENT PLUS QU'À ÊTRE ADAPTÉES AU PARCOURS PLANÉTAIRE.

RADE DE BREST, MÊME ENDROIT, MÊME HEURE, 7 ANS AUPARAVANT. NOUS SOMMES LE 6 NOVEMBRE 2016.
ÇA A L'AIR BON CETTE FOIS.
UNE FENÊTRE MÉTÉO COMME CELLE-LÀ, IL N'Y EN AURA PAS DEUX DANS L'ANNÉE.
LA ROUTE SERA PARFAITE JUSQU'À L'ÉQUATEUR. APRÈS... JE NE SUIS NI MARABOUT, NI DEVIN.
OK, ALORS PAS D'HÉSITATION, ON Y VA !
C'était ma 5e tentative de battre ce record après lequel je courais depuis 9 ans, sans l'avoir encore décroché : le tour du monde en solitaire.
RENTREZ BIEN LES GARS, ET MERCI POUR TOUT !
JE REPARS POUR UN TOUR ET CETTE FOIS...

* L'EMPANNAGE EST UN CHANGEMENT DE BORD. LA MANŒUVRE, HORS PRÉPARATION, DURE ENTRE 30 ET 45 MINUTES ET BRÛLE 400 À 500 CALORIES POUR UNE CONSOMMATION À LA JOURNÉE ESTIMÉE ENTRE 3 500 ET 5 000 CALORIES.

5e tentative, une décennie à se battre pour cet ultime : être le plus rapide autour de la planète, en solitaire, à la voile. Ce record a toujours été défini pour nous comme une étape dans la construction de ce qui sera la course autour du monde, en solitaire, en trimaran. Mais l'étape est tellement énorme qu'elle en est un graal à part entière ! Ce record, j'ai organisé ma vie pour le décrocher. Toutes mes années de voile m'ont conforté dans ce choix, l'objectif après lequel courir. J'ai navigué sur tout type de bateaux, de la voile légère en bord de côte au très grand large, des engins les plus dépouillés aux plus sophistiqués. J'ai fait autant de solitaire que d'équipage, j'y ai été skipper et équipier. J'ai été technicien à terre et bien sûr marin. J'ai débuté ce parcours de compétition en 1989, ça commence à faire un bout de temps, mais l'envie est toujours intacte. Si la joie de Laurent Bourgnon m'a permis de comprendre ce vers quoi je tendais, c'est tout mon parcours qui a construit et validé ce but. Un apprentissage qui m'emmène, me hisse toujours plus.

Mais en 2016, nous sommes à un tournant. Une nouvelle génération de trimarans va sortir des chantiers, les bateaux vont voler, leur vitesse va progresser de 10 à 25 % ! Un saut considérable, presque unique dans l'histoire d'un sport mécanique. Avec mon bateau, même totalement optimisé et fiabilisé, je sais que j'aurai un train de retard. C'est donc maintenant que je peux encore décrocher le record. On sait aussi qu'enfin d'autres skippers vont entrer dans la danse du tour du monde en solitaire en trimaran. François Gabart, Armel Le Cléac'h et Yves Le Blevec se sont positionnés pour la création de cette course. Les deux premiers bénéficieront de bateaux de nouvelle génération, ce qui est également le cas du Gitana Team.
Un collectif s'est monté, nous touchons au but ! Seulement ferai-je encore partie du jeu lorsque tout sera en place ? Quatre tentatives pour accrocher le record, une décennie de travail et d'investissement... Si je ne le ramène pas cette fois-ci, Sodebo, mon sponsor, me suivra-t-il encore dans un, deux, dix ans ? Notre aventure commune est un long apprentissage et je veux en être à la hauteur.
ÉQUATEUR EN VUE, JOUR 6.

Mais qu'importe toute idée de course, qu'importe l'objectif que l'on s'est imaginé en 2005, qu'importe, qu'importe ! Qu'importe !!!

LE BATEAU EST RÉGLÉ AU MAX DE SES CAPACITÉS, ÇA DÉROULE BIEN.
MOUAIS... MAIS LA SUITE N'EST PAS INCROYABLE...
Ce record a pris le pas, lui seul doit compter, là, maintenant, jusqu'à ce que je le décroche.

En record, on est seul sur le plan d'eau, à la différence d'en course, on n'a pas les mêmes conditions que celles du record précédent. On ne peut pas réagir à la stratégie des concurrents, on doit construire sa route sans possibilité de comparaison, on est seul. C'est une psychologie particulière que j'ai dû développer alors que je m'étais jusqu'alors toujours entraîné en prévision de courses. La situation par excellence où joue fortement cette différence est l'Atlantique Sud.

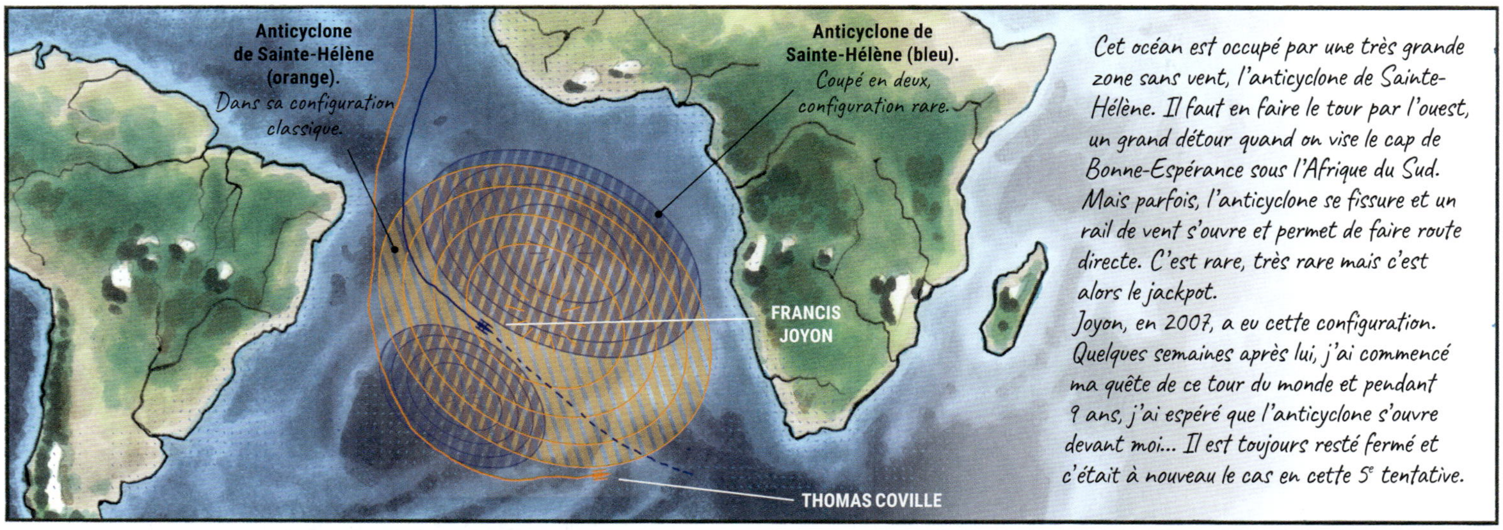

On avait emmagasiné un jour d'avance dans la descente de l'Atlantique Nord sur Joyon, on ne s'est pas posé mille questions...
TIENS... CURIEUSE SILHOUETTE...
UN BRISE-GLACE ! IL REMONTE LE LONG DE L'ARGENTINE.
C'EST VRAI QU'À FORCE DE DESCENDRE AU SUD, IL VA FALLOIR SE MÉFIER DES GLAÇONS...
Lors de ma première tentative de tour du monde en solo, j'avais tapé un growler, ces blocs de glace, relativement petits, issus de la fragmentation des icebergs que vêle l'Antarctique. L'avant de mon flotteur avait explosé.
J'ai eu la chance de pouvoir rallier la terre sans plus de dommages. Mais je ne voulais pas retenter l'expérience, la chance on l'a une fois, rarement deux.
Et chaque fois que je suis retourné dans le Grand Sud, j'ai vu plus de glace. Je ne peux pas interpréter scientifiquement cette donnée, je ne suis pas un chercheur.
Je peux juste témoigner que quantitativement*, il y en a de plus en plus. Et qu'accessoirement, ça augmente les risques de collision pour nous, coureurs au large.
Pour cette nouvelle tentative, on s'était fixé une règle intangible : on ne descendrait pas dans la zone des glaces, ce risque ne vaut aucune chandelle, la bougie, c'est ma pomme.
THIERRY, SAM, N'OUBLIEZ PAS DE SURVEILLER LA TEMPÉRATURE DE L'EAU. EN DESSOUS DE 2°C, ON REBROUSSE CHEMIN SANS DISCUTER.

Bonne nouvelle ! Un couloir avec bon vent belle mer s'ouvre à toi entre Sainte-Hélène et la zone des glaces. Certes... il est étroit. Va falloir manœuvrer, ambiance routes et cols de montagne.
DIS DONC, JEAN-LUC, ON LUI PROPOSE D'ENCHAÎNER 18 EMPANNAGES... C'EST PLUS QUE CE QU'ONT FAIT LES ÉQUIPAGES DES DEUX DERNIERS RECORDS DU TOUR DU MONDE... TOUT SEUL... TU CROIS QU'IL PEUT TENIR LE RYTHME ?
PHYSIQUEMENT, JE N'AI AUCUN DOUTE, ET NIVEAU VOLONTÉ, IL EST REMONTÉ À BLOC. IL NE VA MÊME PAS FALLOIR LE POUSSER...
ENTRE LES GLAÇONS AU-DESSOUS ET LA PÉTOLE AU-DESSUS...
Y A PAS VRAIMENT DE QUESTION À SE POSER...
ON SE CONCENTRE, ON VISUALISE L'ENCHAÎNEMENT, LES GESTES LES UNS APRÈS LES AUTRES. ET ON RECOMMENCE À CHAQUE FOIS. PAS DE RACCOURCIS, MÊME LA 18e FOIS, TOUJOURS LUCIDE.
ON ATTEND LE TOP.
OK, MER, VENT, ROUTE, TOUT S'EST ALIGNÉ, ON ENVOIE LA DANSE.
TOP

TOP
TOP
TOP
TOP
TOP
TOP
TOP
TOP

Réaliser, en solo, autant de manœuvres, c'est exténuant. On est dans l'excès. Souvent lorsque l'on est jeune, on cherche cet état par jeu, mais au fur et à mesure des expériences et surtout du prix que l'on doit chaque fois lui payer, on se met à instruire cet état. On est dans la position de l'expérimentateur : aller voir si la limite que l'on s'imaginait ne serait pas un peu plus loin. Cela nous permet de penser par l'expérience et non uniquement par la théorie ou la peur. Et c'est parce que l'on connaît la sanction à cet état d'excès que l'on peut l'intégrer à une stratégie de long terme. Par cette démesure, on va au-delà de ce que l'on croyait, on se libère et les champs d'apprentissage et de progression s'ouvrent.

TOP
TOP
TOP
ET TOP.
Söde

APRÈS SES 18 EMPANNAGES, IL DOIT ÊTRE CUIT.
T'AS PAS TORT... ON LUI TROUVE UNE PLAGE DE RÉCUPÉRATION. IL FAUT PRÉSERVER SON PLAISIR OU ON VA PERDRE EN PERFORMANCE. SURTOUT AVEC CE QUI LUI ARRIVE DESSUS...

Sodebo
L'OCÉAN INDIEN, LE PLUS REDOUTÉ PAR LES MARINS. LES VENTS, FORTS, Y SONT ASSOCIÉS À UNE MER HACHÉE, DÉSORDONNÉE, CASSE-BATEAU.

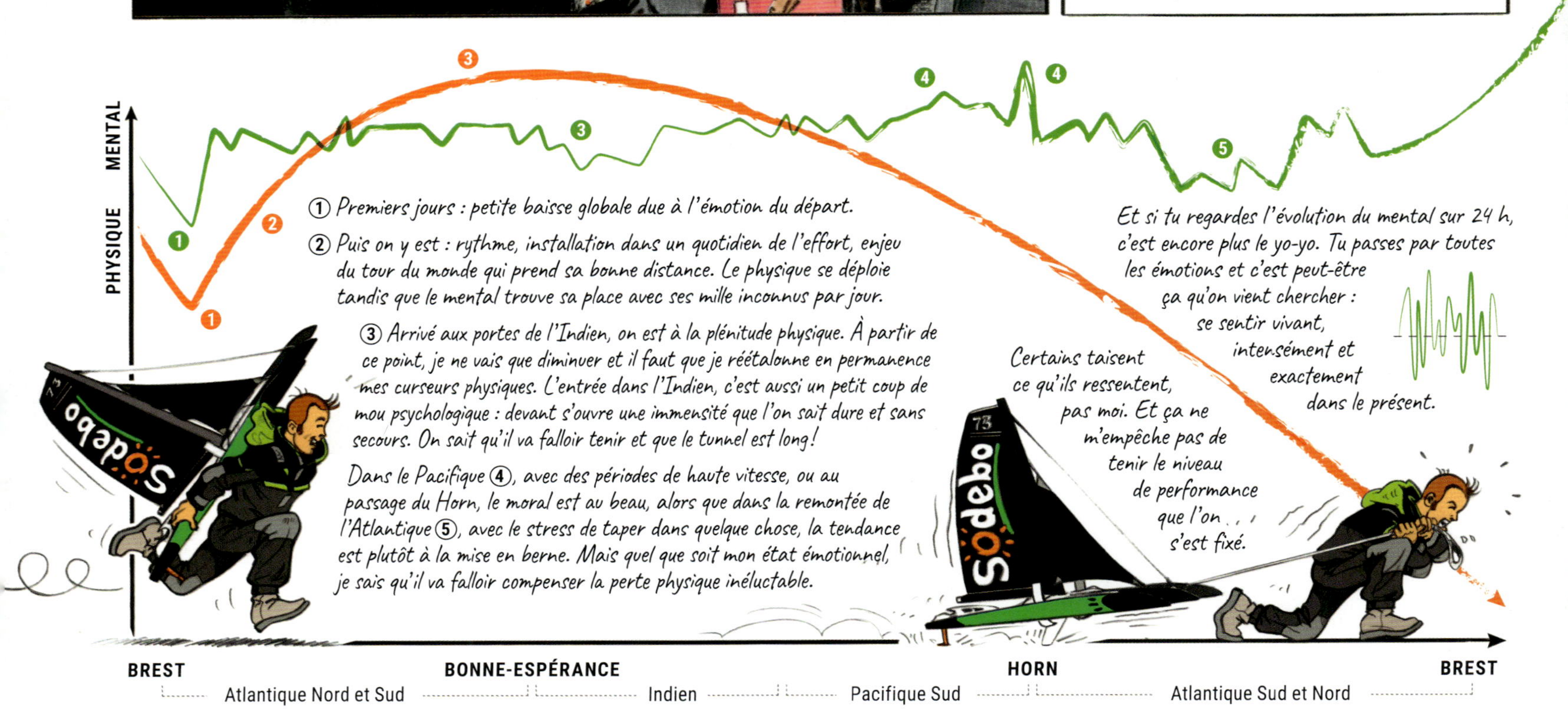
PHYSIQUE MENTAL
① Premiers jours : petite baisse globale due à l'émotion du départ.
② Puis on y est : rythme, installation dans un quotidien de l'effort, enjeu du tour du monde qui prend sa bonne distance. Le physique se déploie tandis que le mental trouve sa place avec ses mille inconnus par jour.
③ Arrivé aux portes de l'Indien, on est à la plénitude physique. À partir de ce point, je ne vais que diminuer et il faut que je réétalonne en permanence mes curseurs physiques. L'entrée dans l'Indien, c'est aussi un petit coup de mou psychologique : devant s'ouvre une immensité que l'on sait dure et sans secours. On sait qu'il va falloir tenir et que le tunnel est long !
Dans le Pacifique ④, avec des périodes de haute vitesse, ou au passage du Horn, le moral est au beau, alors que dans la remontée de l'Atlantique ⑤, avec le stress de taper dans quelque chose, la tendance est plutôt à la mise en berne. Mais quel que soit mon état émotionnel, je sais qu'il va falloir compenser la perte physique inéluctable.
Certains taisent ce qu'ils ressentent, pas moi. Et ça ne m'empêche pas de tenir le niveau de performance que l'on s'est fixé.
Et si tu regardes l'évolution du mental sur 24 h, c'est encore plus le yo-yo. Tu passes par toutes les émotions et c'est peut-être ça qu'on vient chercher : se sentir vivant, intensément et exactement dans le présent.
BREST
BONNE-ESPÉRANCE
HORN
BREST
Atlantique Nord et Sud
Indien
Pacifique Sud
Atlantique Sud et Nord

ET SOUS LE CAP DE BONNE-ESPÉRANCE, LE COMPTEUR INDIQUE PLUS D'UN JOUR D'AVANCE SUR JOYON MALGRÉ LE LONG DÉTOUR.
Sodebo
Les conditions s'annoncent musclées mais avec un bel enchaînement de dépressions qui devrait te porter jusqu'au Pacifique. Sauf que pour atteindre cet horizon... il va falloir négocier un noyau de mer particulièrement actif.

MER DÉSORDONNÉE...
BATAILLE DE TRANCHÉES...
DE L'OUEST, DU NORD, DU SUD, LE VENT PEUT VENIR DE PARTOUT ET EN RAFALES.
C'est ça le plus dur : le vent en rafales. Ça te crée une mer croisée et c'est impossible d'être toilé correctement. Si tu règles tes voiles en te basant sur la moyenne du vent, alors à la première claque tu risques de chavirer. Et si tu te cales sur le vent maximal d'une rafale, alors entre deux tu es lent, tu te fais balader, tu risques de casser et de toute façon, ce n'est pas pour être lent que tu es venu là...

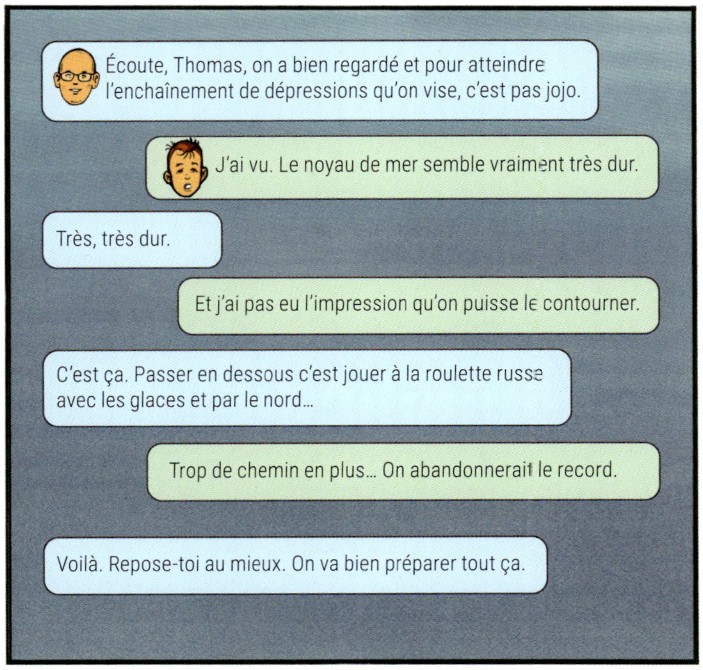
Écoute, Thomas, on a bien regardé et pour atteindre l'enchaînement de dépressions qu'on vise, c'est pas jojo.
J'ai vu. Le noyau de mer semble vraiment très dur.
Très, très dur.
Et j'ai pas eu l'impression qu'on puisse le contourner.
C'est ça. Passer en dessous c'est jouer à la roulette russe avec les glaces et par le nord...
Trop de chemin en plus... On abandonnerait le record.
Voilà. Repose-toi au mieux. On va bien préparer tout ça.

THOMAS ET LUI, UN VRAI PETIT COUPLE, DIS DONC.

SAM ! J'AI ENTENDU !
ALORS SACHE QUE POUR TOUT CE QUI CONCERNE LA NAVIGATION, C'EST SÛR QU'ON POURRAIT SE PASSER LA BAGUE AU DOIGT ! MAIS POUR ALLER AU CINÉ OU ÉCOUTER DE LA MUSIQUE... IL A VRAIMENT DES GOÛTS DE CHIOTTE !

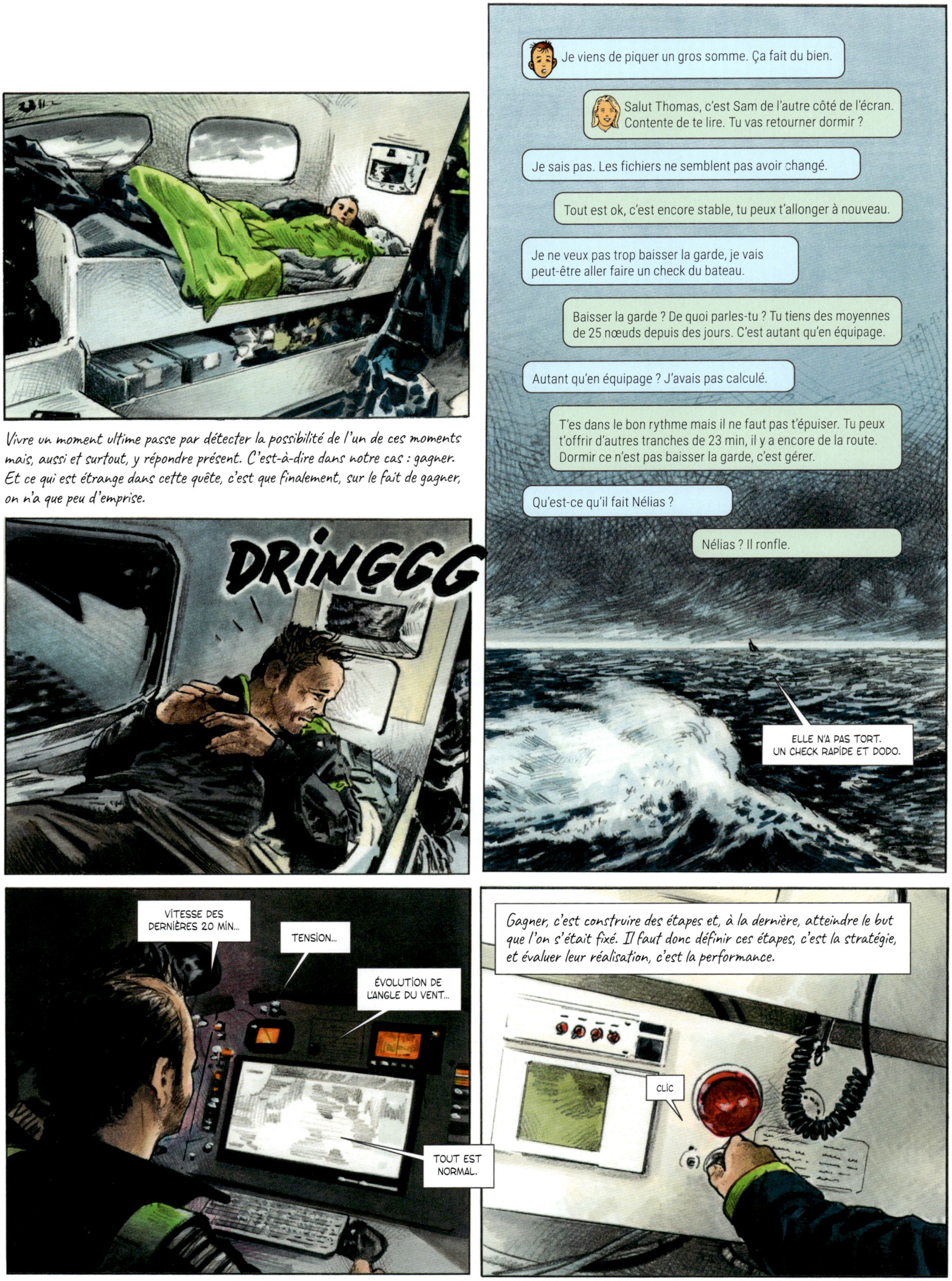
Vivre un moment ultime passe par détecter la possibilité de l'un de ces moments mais, aussi et surtout, y répondre présent. C'est-à-dire dans notre cas : gagner. Et ce qui est étrange dans cette quête, c'est que finalement, sur le fait de gagner, on n'a que peu d'emprise.
DRINGGG
Je viens de piquer un gros somme. Ça fait du bien.
Salut Thomas, c'est Sam de l'autre côté de l'écran. Contente de te lire. Tu vas retourner dormir ?
Je sais pas. Les fichiers ne semblent pas avoir changé.
Tout est ok, c'est encore stable, tu peux t'allonger à nouveau.
Je ne veux pas trop baisser la garde, je vais peut-être aller faire un check du bateau.
Baisser la garde ? De quoi parles-tu ? Tu tiens des moyennes de 25 nœuds depuis des jours. C'est autant qu'en équipage.
Autant qu'en équipage ? J'avais pas calculé.
T'es dans le bon rythme mais il ne faut pas t'épuiser. Tu peux t'offrir d'autres tranches de 23 min, il y a encore de la route. Dormir ce n'est pas baisser la garde, c'est gérer.
Qu'est-ce qu'il fait Nélias ?
Nélias ? Il ronfle.
ELLE N'A PAS TORT. UN CHECK RAPIDE ET DODO.
VITESSE DES DERNIÈRES 20 MIN...
TENSION...
ÉVOLUTION DE L'ANGLE DU VENT...
TOUT EST NORMAL.
Gagner, c'est construire des étapes et, à la dernière, atteindre le but que l'on s'était fixé. Il faut donc définir ces étapes, c'est la stratégie, et évaluer leur réalisation, c'est la performance.
CLIC

Si une des étapes n'est pas réalisée à 100%, il faut savoir si c'est suite à une défaillance ou si la marche était trop haute. Il faut également interroger les répercussions. Elles peuvent être nulles et alors c'est que l'étape était inutile. Ou elles peuvent être responsables d'un échec et alors nous devons revoir notre échelle de performance. Et si tous les objectifs sont réalisés à 100 % et qu'on ne gagne pas, alors c'est la stratégie globale qu'il faut revoir.
23MN
DRINGGG
CLIC
Mais confondre une étape et le but est une erreur dans laquelle on s'épuise et on perd de son envie.
JE VAIS REMETTRE UN COUP DE MANIVELLE, ÇA FERA PAS DE MAL ET ÇA RÉVEILLE.
Il faut aussi se poser ces questions si une des étapes a été réalisée au-delà de ce que l'on s'était fixé. Si je vais plus vite que prévu mais que ça m'empêche de tenir la vitesse dans la phase suivante – usure des pièces ou usure du skipper –, à quoi bon ? Trop faire n'a pas forcément d'intérêt. Et je peux assurer que dans aucune grille de performance, il n'y a la case “être mort-cramé”. Il ne doit pas y avoir de fierté à valider un critère qui n'existe pas, c'est inutile, contre-productif... et je pense m'y être parfois perdu...
Il y a beaucoup de bosses sur mon dos de sportif. Encaisser, ça ne te fait pas gagner les matchs, mais ça te permet de rester plus longtemps sur le ring. Tu y apprends, comprends, affines ta stratégie. Tu deviens le produit d'une histoire.
Mais une étape peut devenir le but tant elle porte une force en soi. Et c'est le cas de ce record. En 2005 c'était une étape – gigantesque, on ne se faisait pas d'illusions ! – vers la course autour du monde. Et très vite, c'est devenu un but à part entière.
Pensées du soir, bonsoir _ On approche des Kerguelen. L'un des lieux les plus inhospitaliers de la planète. Îles austères et majestueuses, perdues dans une immensité de vent et de froid, isolées et résistantes.
MANQUERAIT PLUS QUE CE SOIT ICI QUE JE FASSE UNE MAUVAISE RENCONTRE...

Élie Canivenc,
responsable technique

BISOU DE LA BALEINE (BB) : H+1
ALLEZ, RENNNNTRE... !
NON... COMME ÇA, ÇA N'IRA PAS.
LA LIBERTÉ A DU BON
FAUT QUE JE DESCENDE PLUS BAS.
SURTOUT... NE PAS... PASSER... À L'EAU...
BB : H+2
J'AI !
OK, ENVOIE.

R&D – Attached Files
UN MODE D'EMPLOI EN 20 PAGES ?!!
BB : H+5
J'AI REVU MA COPIE !
ÇA DEVRAIT ALLER MIEUX COMME ÇA.
New Attached Files
C'EST PLUS CLAIR… MAIS POUR LA MISE EN ŒUVRE… ILS ONT COMPRIS QUE JE SUIS EN MER, PAS DANS UN ATELIER ?!
DEUX POULIES.
AVEC UN PALAN ET EN LE REPRENANT À LA MANIVELLE…
GNNNNIA…
NE PAS GLISSER…

LÀ ! ÇA VA FONCTIONNER !
YAHiiii !!!
BB : H + 7
C'EST RÉPARÉ ! ON SE REMET AU BOULOT.
...?! SiNON ON AVAiT UNE AUTRE PROPOSiTiON À LUi SOUMETTRE...
OK, JE REMBALLE.
YES !
LA MER SE CREUSE ON DiRAiT... ON VA BiENTÔT TAMPONNER CE FAMEUX NOYAU.
ET C'EST ÉNERVANT CE TRUC QUi ME GRATTE AU GENOU...
L'Indien, c'est vraiment le plus mauvais des océans.

Entrer dans les mers du Sud, ce couloir que représentent l'Indien et le Pacifique, c'est plonger en nature. Celle qu'on ne connaît pas ou si peu. On est chez elle, à ses conditions, et il faut accepter. Nos capacités d'anticipation, d'imagination, de réaction sont confrontées à l'inconnu. Un passage dans ces océans – et il ne peut s'agir que d'un passage, aucun être humain n'est fait pour y vivre – se prépare. Tu réfléchis, tu confrontes toutes les données : archives maritimes, recherches scientifiques, météorologie, étude des fonds marins... Mais tu sais aussi qu'on ne comprend pas tout aux systèmes dans lesquels on prend place. C'est ici que le ressenti et l'expérience prennent toute leur importance. Naviguer, c'est accompagner la mer et le vent, ne surtout pas s'y opposer, on ne sera jamais les plus forts. Résister, c'est s'épuiser, casser, chavirer. Il y a une obligation d'écoute, de lecture, sensorielle et raisonnée.

Passer le cap de Bonne-Espérance, c'est entrer dans un tunnel, loin des autres êtres humains, loin des secours. On ne peut pas être concentré à tout moment, on doit se reposer, manger, s'occuper de douze choses en même temps... et on est seul. Et lorsqu'on y ajoute le multicoque, alors l'accident devient partie intégrante de l'équation. Un monocoque qui se retourne – normalement – se remet à l'endroit de lui-même. Un multicoque, ça ne se retourne qu'une fois. Et à l'envers, avec la mer qui tape, qui compresse, qui tord, la dislocation n'est pas loin. Au milieu de l'Atlantique c'est un moment dur mais tu y crois, les secours peuvent encore arriver, alors qu'au milieu de l'Indien ou du Pacifique... En course, les concurrents sont la meilleure chance de sauvetage. En record...

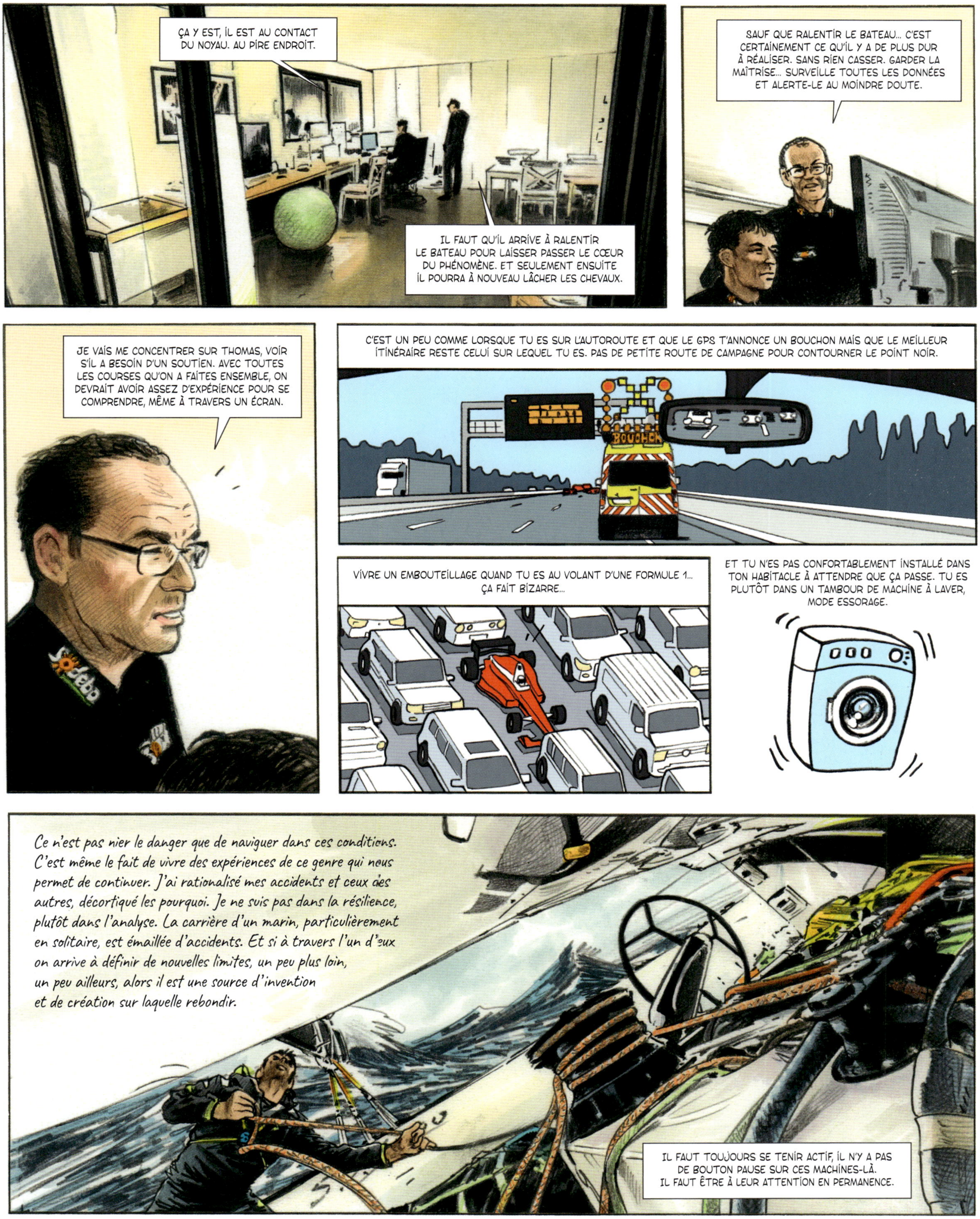
ÇA Y EST, IL EST AU CONTACT DU NOYAU. AU PIRE ENDROIT.
IL FAUT QU'IL ARRIVE À RALENTIR LE BATEAU POUR LAISSER PASSER LE CŒUR DU PHÉNOMÈNE. ET SEULEMENT ENSUITE IL POURRA À NOUVEAU LÂCHER LES CHEVAUX.
SAUF QUE RALENTIR LE BATEAU… C'EST CERTAINEMENT CE QU'IL Y A DE PLUS DUR À RÉALISER. SANS RIEN CASSER. GARDER LA MAÎTRISE… SURVEILLE TOUTES LES DONNÉES ET ALERTE-LE AU MOINDRE DOUTE.
JE VAIS ME CONCENTRER SUR THOMAS, VOIR S'IL A BESOIN D'UN SOUTIEN. AVEC TOUTES LES COURSES QU'ON A FAITES ENSEMBLE, ON DEVRAIT AVOIR ASSEZ D'EXPÉRIENCE POUR SE COMPRENDRE, MÊME À TRAVERS UN ÉCRAN.
C'EST UN PEU COMME LORSQUE TU ES SUR L'AUTOROUTE ET QUE LE GPS T'ANNONCE UN BOUCHON MAIS QUE LE MEILLEUR ITINÉRAIRE RESTE CELUI SUR LEQUEL TU ES. PAS DE PETITE ROUTE DE CAMPAGNE POUR CONTOURNER LE POINT NOIR.
BOUCHON
VIVRE UN EMBOUTEILLAGE QUAND TU ES AU VOLANT D'UNE FORMULE 1… ÇA FAIT BIZARRE…
ET TU N'ES PAS CONFORTABLEMENT INSTALLÉ DANS TON HABITACLE À ATTENDRE QUE ÇA PASSE. TU ES PLUTÔT DANS UN TAMBOUR DE MACHINE À LAVER, MODE ESSORAGE.
Ce n'est pas nier le danger que de naviguer dans ces conditions. C'est même le fait de vivre des expériences de ce genre qui nous permet de continuer. J'ai rationalisé mes accidents et ceux des autres, décortiqué les pourquoi. Je ne suis pas dans la résilience, plutôt dans l'analyse. La carrière d'un marin, particulièrement en solitaire, est émaillée d'accidents. Et si à travers l'un d'eux on arrive à définir de nouvelles limites, un peu plus loin, un peu ailleurs, alors il est une source d'invention et de création sur laquelle rebondir.
IL FAUT TOUJOURS SE TENIR ACTIF, IL N'Y A PAS DE BOUTON PAUSE SUR CES MACHINES-LÀ. IL FAUT ÊTRE À LEUR ATTENTION EN PERMANENCE.

En aucune façon je ne veux vivre un accident et ne le souhaite à personne. Mais ce que m'ont apporté ceux que j'ai vécus et les rebonds qu'ils ont engendrés me rendent à chaque fois plus serein.
J'accepte l'inconnu mais sous conditions raisonnées : savoir qu'on ne sait pas et s'y préparer.

ON VA COURBER L'ÉCHINE, LAISSER PASSER. FREINER DEVRAIT NOUS FAIRE GAGNER DU TEMPS.
ON RESTE EN RECORD MAIS... ÇA N'EST PLUS TOUT À FAIT LA PRIORITÉ.
Faire le gros dos, ça ne m'est arrivé qu'une fois sur ce tour du monde, mais c'est une fois qui fait du bien, qui rappelle où l'on est et ce qu'on fait.

Pour rester concentré, il me faut atteindre une forme de compréhension de moi-même spécifique à l'exercice dans lequel je suis – le record – et à cet environnement si démesuré qu'est le Grand Sud. Je dois être en pleine conscience de cette nature, la voir, l'observer, la sentir, tout en atteignant une forme d'hyper-concentration évacuant tout ce qui pourrait me distraire. Je me focalise sur la tâche à accomplir.

Je ne me laisse pas aller à admirer l'océan, les oiseaux, le gris du ciel, l'immensité... J'écarte cette beauté car je dois être concentré sur ma tâche : le bateau, le record, la course. Mais ce n'est pas un renoncement à cette beauté ! Cette attitude centrée m'ouvre à un rapport sensoriel avec l'environnement, une autre manière de l'aborder, plus intrinsèque. Elle m'emplit.

Je suis à ma tâche, je deviens ma tâche et par et pour cela, être le tout : moi, le bateau, la mer, l'air. J'en suis une composante et son entier.

C'EST QUOI CETTE HISTOIRE D'ŒUF ?
JE NE SAIS PAS.
IL N'EN AVAIT PAS PARLÉ JUSQU'ICI.
ON EST BIENTÔT À LA FIN DE L'INDIEN...
... ET C'EST GÉNÉRALEMENT L'OCÉAN LE PLUS FATIGANT POUR LE BONHOMME.
ON VÉRIFIE TOUT !
JE VEUX SAVOIR S'IL S'AMUSE ENCORE AU CALCUL MENTAL, S'IL LIT LES BOUQUINS QU'IL A EMPORTÉS, TOUT.
COMBIEN DE FAUTES DANS SES MAILS...
LES PLATS, LES DENTS, LA TOILETTE, COMBIEN DE FOIS ET QUAND IL A CAGUÉ, FAIT PIPI...
ON NE S'ENDORT PAS.
THIERRY, TU ENVOIES CE TOPO AU MÉDECIN. ON NE LAISSE RIEN PASSER.
PLUS AUCUNE INTIMITÉ ?
MAIS IL NOUS L'A DÉLÉGUÉE DEPUIS LONGTEMPS SON INTIMITÉ !
LA BIENVEILLANCE DANS UNE ÉQUIPE, ÇA AUTORISE ÇA. ÇA IMPOSE ÇA.
ET C'EST CE QU'IL NOUS DEMANDE.
TRAITEMENT 1, JOUR 1
J'AI REÇU UN PROTOCOLE DU MÉDECIN.
OK, ENVOIE-LUI.
ÇA NE S'AMÉLIORE PAS ?
PAS L'IMPRESSION... MAIS ON A UN AUTRE PROTOCOLE À LUI FAIRE TESTER...
ENVOIE.
TRAITEMENT 2, JOUR 2
LA RAIDEUR DANS LA JAMBE S'EST ACCENTUÉE.
DING !
...
Salut Jean-Luc. C'est étrange cette histoire, non ? Dis-moi, ça pourrait être grave ?
JE L'APPELLE.

OUI, C'EST GRAVE.
AU POINT DE METTRE EN PÉRIL LE RECORD ?
TU N'AS PLUS DE SOLUTION, SEUL À BORD, POUR TE SOIGNER. JE NE PEUX PAS TE DIRE JUSQU'OÙ ÇA POURRAIT ALLER. ON NE COMPREND PAS CE QUE TU AS.
LE PIRE RESTE DONC DANS LES OPTIONS À ENVISAGER.
ET LE PIRE, ÇA PEUT ÊTRE DE PERDRE TA JAMBE. RAIDEUR DÉFINITIVE, PARALYSIE, AMPUTATION... ON NE SAIT PAS.
MAIS COUP DE BOL, TU ARRIVES SOUS L'AUSTRALIE ET C'EST LÀ QU'IL Y A LES MEILLEURS HOSTOS DE LA RÉGION.
TRAITEMENT 3, JOUR 4
T'AS ÉTÉ DUR LÀ, NON ?
ON EST LÀ POUR LE GUIDER, MAIS IL EST SEUL À BORD. À LA FIN, C'EST LUI QUI PREND LES DÉCISIONS. IL FAUT QU'IL AIT TOUTES LES CARTES EN MAIN. FACTUELLEMENT.
C'EST ÇA QU'IL ATTEND, AUSSI, DE NOUS.

EN APPROCHE LATITUDE CAP LEEUWIN, POINT OUEST DE L'AUSTRALIE. TRAITEMENT, JOUR 5.
LES TENSIONS D'ÉCOUTES SONT RÉGLÉES, LES FORCES DANS LE MÂT, L'ANGLE DES DÉRIVES... TOUT EST COHÉRENT.
PASSAGE SOUS L'AUSTRALIE. TRAITEMENT, JOUR 6.
LES MOYENNES SONT BONNES.
Sodebo
IL NE LÂCHE RIEN.
ENTRÉE DANS LE PACIFIQUE. L'AUSTRALIE EST MAINTENANT DANS LE TABLEAU ARRIÈRE. TRAITEMENT, JOUR 7.
Devant toi c'est le plus grand désert humain au monde. Avec les vents dominants qui t'y poussent. La seule issue ce sera le Chili, 7 000 km devant toi, 6 jours si tout va bien.
La météo te fait plonger sud dans quelques heures, ce sera sans retour.

Il n'était bien sûr pas question de se mettre dans un danger disproportionné. Mais j'avais quatre tentatives de record sur les épaules, et la collision avec un cargo 2 ans auparavant durant la Route du Rhum... Des accidents, j'en ai eu, avec évacuation, immobilisation, hôpital, mais là ce n'était pas du même acabit. C'était la première fois que mon corps allait possiblement me lâcher. Il m'arrivait physiquement quelque chose qu'on ne s'expliquait pas. Ça venait de l'intérieur de moi et impossible d'en appréhender l'évolution. Une situation assez déstabilisante... Mais ça n'avait pas de raison d'être, donc ça n'était pas !

Francis Joyon, à qui j'ai pris le record au bout de 5 tentatives – 9 ans ! –, et François Gabart, qui l'a décroché à sa première tentative juste un an après que je m'en sois emparé, m'impressionnent. Ils donnent l'impression de toujours être dans le présent, juste dans l'appréciation positive du moment. Ils sont fluides, dans l'évidence. Moi pas, je suis dans le faire, le labeur, sans positivité ou négativité. Ils semblent savoir apprécier tout en faisant. Je veux atteindre cette légèreté. Être dans le labeur, hyper-concentré, dans la compréhension de l'ensemble du système, et aussi être capable de recevoir et de jouir. C'est un long chemin que de se repositionner psychologiquement, et c'est cela que me permettent notamment ce sport et ces expériences.

Je te propose un petit pari météo. Mais si on veut le gagner, va pas falloir mollir.
Attention, je ne dis pas que tu mollis !
Une tempête tropicale est en formation sur les îles du Pacifique, à 4 000 km au nord. Elle va descendre à grande vitesse et couper ta route plus ou moins au moment de ton passage.
Ça devrait passer. Devrait… C'est un joli pari.
Mais y a pas de raison. Ça devrait passer.
SI JE LÈVE LE PIED ET QUE JE LA LAISSE PASSER, C'EST PLUSIEURS JOURS DE PERDUS.
OU ALORS JE CRAVACHE ET ON A DES CHANCES DE LA LAISSER DERRIÈRE NOUS.
COMME S'IL Y AVAIT LE CHOIX… J'AIME BIEN LES PROPOSITIONS DE JEAN-LUC. JE N'AI PAS L'IMPRESSION DE ME FAIRE ROULER…
Le Pacifique, c'est une grande pente, tu arrives par l'ouest, tu attrapes des vents, une dépression, et c'est tout droit, dégringolade jusqu'à l'autre côté, le Cap Horn. C'est comme si tu étais en haut d'une montagne.
Une grande montagne avec une pente qui dure deux semaines, toujours raide.
Tu engages et tu sais qu'il va falloir envoyer.
Sauf que dans notre cas, une avalanche se déclenche au-dessus de notre trajectoire !
Collision en vue, impact imminent !
Tu n'as plus le choix : foncer et espérer passer juste devant.
Tu n'as amené ni tes pioches, ni tes crabes.
Et si l'avalanche te croque, il n'y aura personne pour venir te chercher dessous, ça, tu peux en être sûr.
Alors il faut que ça passe. Schuss !
Tu te concentres sur ce qui arrive, pas sur ce qu'il y a derrière. Tu ne lâches rien.

Toute l'équipe est avec toi, derrière toi, elle ne lâche rien non plus.
ZZZ
Et il faut que tu dormes parce que l'esprit doit rester clair.
Nuit, jour, nuit, être concentré sans cesse...
...avec au milieu ton quotidien de vie.

NAVIGUER DANS LE GRAND SUD : MÉTÉOROLOGIE ET MÉCANIQUE

Dans le Grand Sud – l'océan Indien et le Pacifique Sud –, les dépressions s'enchaînent comme des trains sur une voie de chemin de fer, à la queue leu leu, d'ouest en est. Pour traverser ces deux océans, il faut arriver au meilleur moment en gare, dans le sud de l'Atlantique Sud, et avoir la bonne dépression sur le quai…
Une dépression qui nous emmène du cap de Bonne-Espérance, sous l'Afrique, au Cap Horn n'existe quasiment jamais, le passage d'un océan à l'autre générant trop de perturbations. L'idéal est donc d'enchaîner une première dépression qui nous fera traverser l'Indien en 7 jours et une seconde qui le fera en 9 jours pour le Pacifique. Mais une dépression peut aussi s'essouffler ou nous mener au mauvais endroit. L'enjeu est alors d'en avoir repéré une autre, "au-dessus" ou "en dessous" avec laquelle on va pouvoir continuer notre route. Et longtemps ce fut comme au rugby, on pouvait passer sur les côtés mais jamais en avant : on n'arrivait pas à rejoindre une dépression située devant soi.

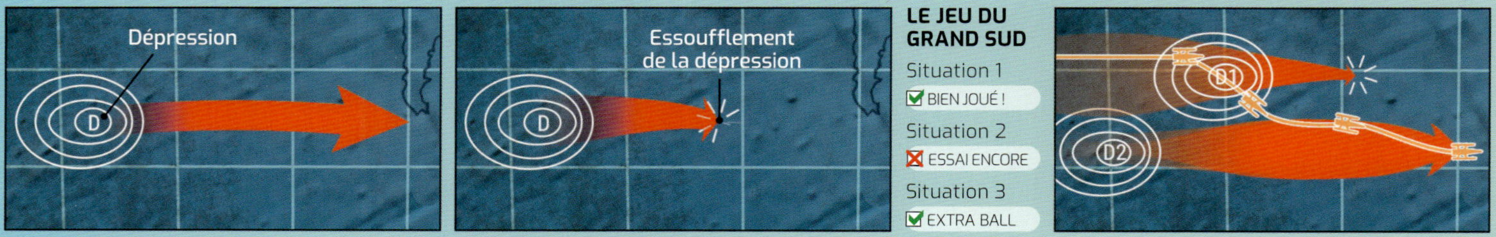

La complexité est donc de prédire la persistance et la trajectoire de chaque dépression. Elles peuvent mener à trois situations.
> Leur essoufflement sans solution d'autres dépressions.
> Leur essoufflement mais avec solution d'autres dépressions.
> Une trajectoire trop au sud où le danger des glaces guette.

Pour ce faire, on étudie les foyers de naissance des dépressions, ce qui nous permet d'en déduire une trajectoire théorique sur le long terme. Mais il faut la nuancer avec toutes les péripéties météo locales que ces dépressions vont rencontrer sur leur route. Cela signifie, en plus des foyers, d'analyser en permanence une superficie de 7 000 km en latitude et un peu plus en longitude autour du bateau.

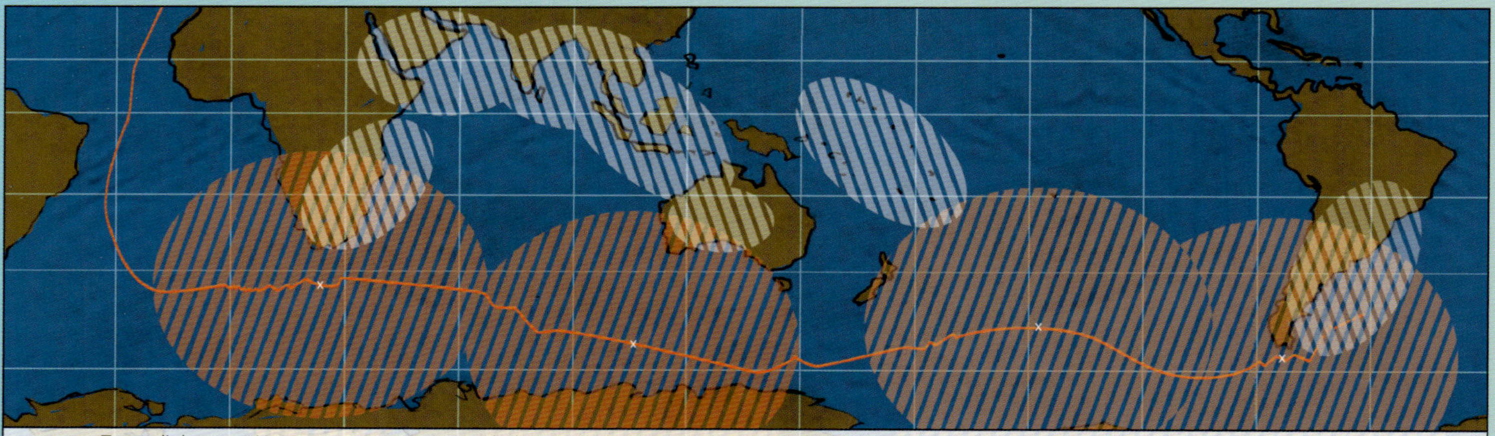

Zone d'observation permanente autour du bateau (ici en 4 points différents de la trajectoire).
Zones de foyers de naissance des dépressions qui alimentent les océans du Sud.

Mais l'étude théorique, l'étude des fichiers de relevés météo et celle des fichiers prédictifs fournis par plusieurs centres d'analyses météorologiques ne suffisent pas. En effet, si aujourd'hui les schémas météo en cours sont bien décrits, on observe tout de même des décalages sur le terrain. Un système dépressionnaire de plusieurs centaines de kilomètres de diamètre peut être en fait positionné quelques milles, quelques centaines de mètres ou quelques mètres trop au sud, nord, est ou ouest par rapport aux fichiers. En recalant ces systèmes plus finement que les données fournies, on peut faire la différence avec son ou sa concurrente. L'enjeu de bien repositionner les phénomènes météo est donc déterminant. L'observation in situ est permanente, via les outils de relevés que nous avons à bord mais aussi via les sensations du marin : une couleur, une forme de vague, une fréquence de houle, plus plane ou plus creuse qu'attendue, une humidité, tout est bon pour gagner en précision.

Le baromètre reste l'outil primordial pour comprendre où l'on se situe dans un système météorologique. Il mesure la pression atmosphérique de la colonne d'air au-dessus du bateau. La cellule à terre récupère en direct les données relevées sur le bateau.

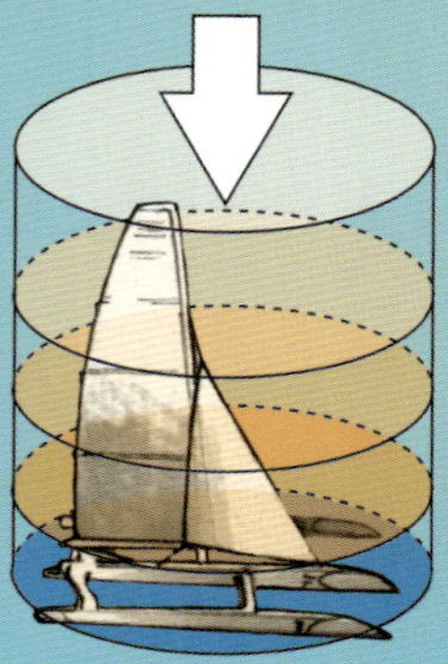

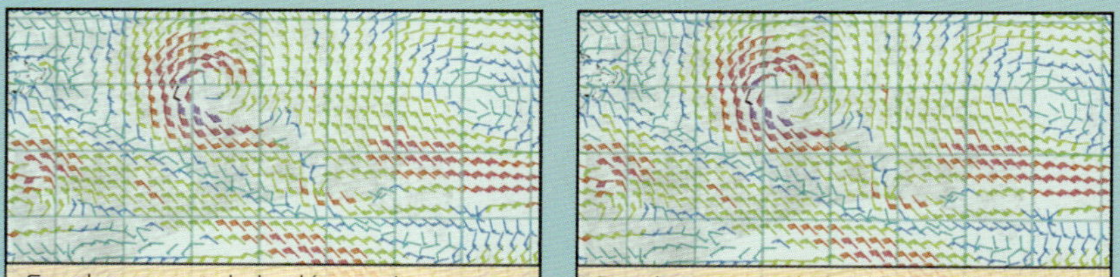

Emplacement de la dépression sur fichiers

Emplacement de la dépression suite aux observations de terrain

Vous ne voyez pas de différences entre ces deux images ? Normal, à cette échelle, le recalage de la dépression est quasi indétectable. Mais cet indétectable peut faire battre un record ou gagner une course, la moindre précision est exploitable !

Les conditions idéales qui mènent à 7 jours pour traverser l'Indien et 9 jours pour le Pacifique ont été rencontrées lors des différents records. Alors cela ne nous a plus suffi ! Nous avons voulu aller plus vite que les dépressions, les dépasser, ne plus nous contenter des dépressions qui viennent de l'arrière, mais rejoindre celle située devant nous. Problème, pour rejoindre cette dépression, il faut traverser une zone sans vent, une barrière que l'on doit sauter.

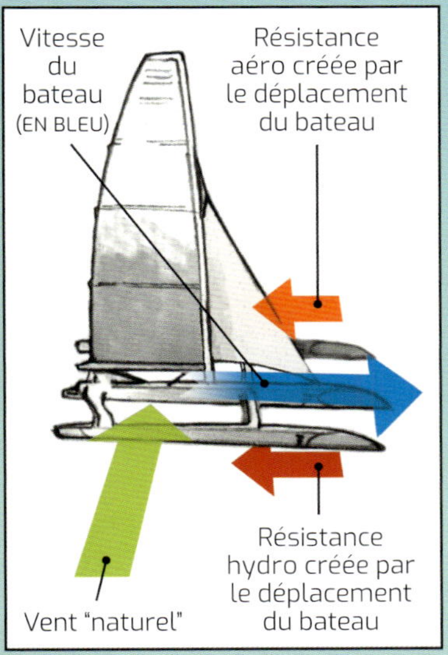

On a travaillé l'aérodynamique des voiles, le seul "moteur" du bateau. Grâce aux avancées dans le domaine, on a réussi à ce que la vitesse du bateau atteigne une fois la vitesse du vent. La théorie nous dit alors qu'on arrive à transformer 100 % de la force reçue en force de déplacement pour le bateau. On n'a plus de perte ! C'est un résultat qui était déjà en soi prodigieux ! Mais on ne s'est pas arrêtés là et on a progressivement dépassé ces 100 % pour atteindre des vitesses supérieures à celle du vent, pourtant unique "carburant" du bateau !
La prouesse technologique n'est pas mince quand on considère qu'en plus de cette "transformation" de l'énergie du vent en énergie de déplacement, il faut contrecarrer deux forces de résistance : celle créée par le frottement avec l'air et celle créée par le frottement avec l'eau.

L'allégement des bateaux a été drastique afin de diminuer la force de résistance générée par l'eau. Chaque kilo gagné se transforme alors en gain de vitesse... jusqu'à la casse.

Avec ces avancées, nous sommes arrivés à nous déplacer au sein des dépressions du Grand Sud et à pouvoir rejoindre le meilleur emplacement d'où "sauter" à travers la zone sans vent. Mais nous étions alors encore incapables de traverser cette zone.

On a alors franchi une étape conceptuelle : on a voulu faire voler les bateaux. Les fameux foils ont été développés et ont permis de diviser jusque par dix la surface immergée et donc diminuer d'autant la force de résistance hydrodynamique. Les vitesses atteintes, qui dépassaient maintenant une fois et demie celle du vent, ont été de deux fois et même deux fois et demie la vitesse du vent ! Et on sait que ce n'est pas fini, nous allons encore accélérer !

Avec ces gains de vitesse – surtout dans le petit temps ! –, on devrait réussir enfin à sauter d'une dépression à celle de devant, traverser cette zone sans vent. Parce qu'à quoi bon aller encore plus vite si on bute toujours sur cette fameuse barrière sans vent ? Il y a là matière à relire "Le Lièvre et la Tortue" des *Fables* de La Fontaine dont la phrase de conclusion, "Eh bien ! lui cria-t-elle, avais-je pas raison ? De quoi vous sert votre vitesse ?", est à apprécier avec l'oxymore du milieu de la fable, "Elle se hâte avec lenteur". Et si la première phrase reste la plus connue, "Rien ne sert de courir ; il faut partir à point", permettons-nous une légère modification : "Rien ne sert de courir si les portes nous restent closes."

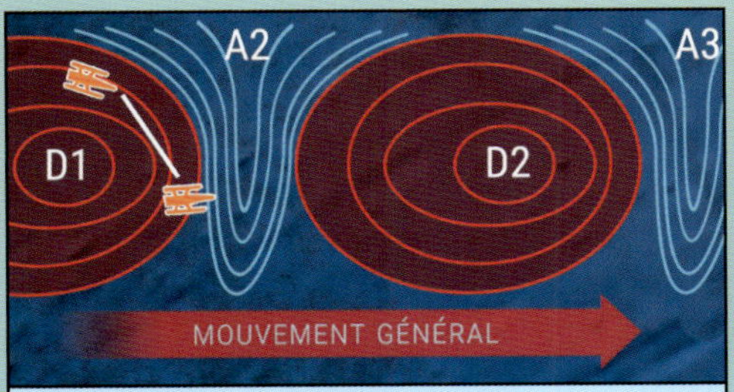

On se positionne dans la dépression.

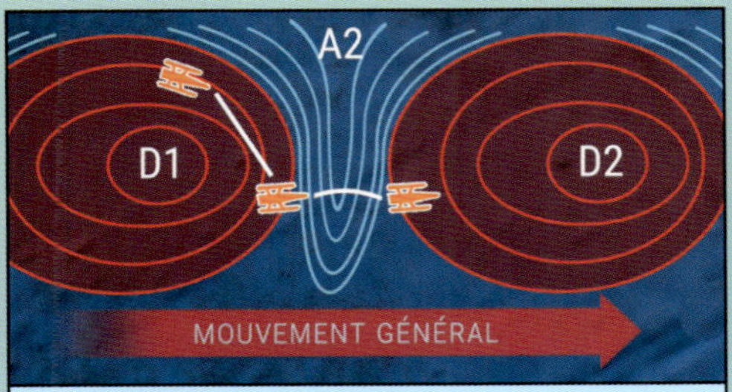

On "saute" la zone sans vent (A).

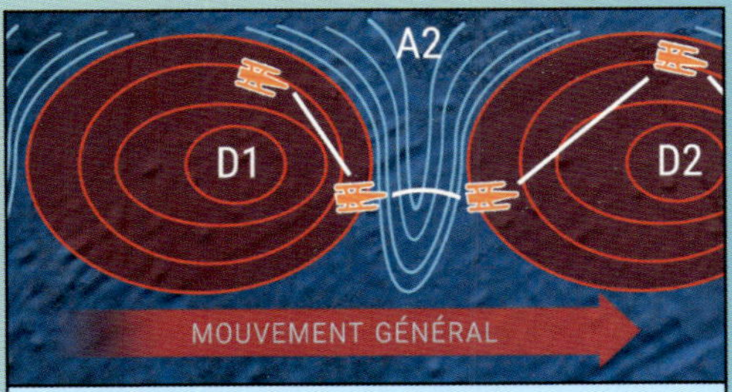

On se repositionne dans la dépression suivante.

Des prémices de ce "saut" ont eu lieu lors du record de Thomas, le bateau était alors déjà doté de foils mais de première génération, on ne pouvait pas encore parler de vol. De façon plus marquée, elles ont été repérables lors du record de François Gabart en 2017, son bateau était le premier de la nouvelle génération. Avec les nouveaux bateaux, mis à l'eau depuis, dont le nouveau Sodebo, c'est sûr nous passerons d'une dépression à l'autre ! Ce sera l'objectif majeur des mers du Sud. Les vitesses des dépressions ne seront plus notre indépassable.

Dans la tempête qui venait étaient annoncés des vents de 70 nœuds, 120 km/h, fallait vraiment pas traîner. La lucidité est l'enjeu majeur dans ce genre de phase. Il ne faut jamais la perdre, du moins pas entièrement, savoir la jauger et prévenir son équipe d'où tu en es et ce que tu attends d'elle au fur et à mesure de ta dégradation intellectuelle.

Il faut rester serein, en maîtrise, et que le peu de sommeil que l'on s'accorde soit extrêmement réparateur. Le solitaire se construit par beaucoup de navigation en équipage, par des navigations à haute vitesse, par la confiance en son bateau et avec tous ses systèmes mécaniques, électroniques, informatiques, mais aussi par sa capacité à se reposer sur l'équipe à terre. Le repos, son efficacité et son timing, est une des clefs de la course au large.

Tout doit devenir utile, tu enchaînes des tâches, efficace comme une machine, sans interruption. Tu es au service du bateau, tu réponds à ses attentes, devances ses besoins. Tu ne manges plus, tu te nourris, tu ne dors plus, tu te recharges comme on recharge une batterie, tu t'intègres à la machine globale. Tu captes la moindre donnée, le moindre signal, tu l'analyses, en détermines une action, agis, et passes à la suivante.

Mais on est des êtres humains pas des robots, et à jouer à ce jeu-là, tu te rends compte que c'est épuisant. Tu risques la surchauffe, le mauvais enchaînement d'actions, le croisement des signaux...

J'avais lancé des réflexions sur ce que pourrait être notre futur bateau si jamais Sodebo pouvait valider un budget. Et c'est une des problématiques à laquelle je réfléchissais : nos bateaux peuvent-ils aller plus vite par eux-mêmes que par ce qu'on peut leur apporter en tant que marin ? Est-ce que l'on peut s'effacer, physiquement, pour laisser le bateau fuser seul ?

Dans l'aviation, il y a eu ce même parcours. Ils ont longtemps testé où et comment positionner les ailes. Et à chaque fois on déplaçait le pilote avec elles, comme s'il devait participer à l'avancée de la machine. Puis on a enfin trouvé l'emplacement optimal et alors seulement on a dissocié le pilote des ailes. Finalement, après un passage à l'arrière, il est parti à l'avant, là où il dérange le moins la machine et indépendamment de là où se joue la vitesse.

Il a fallu ces étapes pour réfléchir de manière différenciée au mouvement et à son pilotage. En voile, avec nos bateaux, il y a maintenant un tel nombre d'informations à gérer que cela supplante le physique. Évidemment, il reste indispensable, mais la différence se fait sur l'hyper-efficacité. Et pourtant, on a encore tendance à se mettre là où l'on sent la puissance, à l'arrière du bateau, comme s'il fallait que l'on y soit pour que le bateau avance. Mais le bateau génère sa propre vitesse. Et elle est très très élevée.

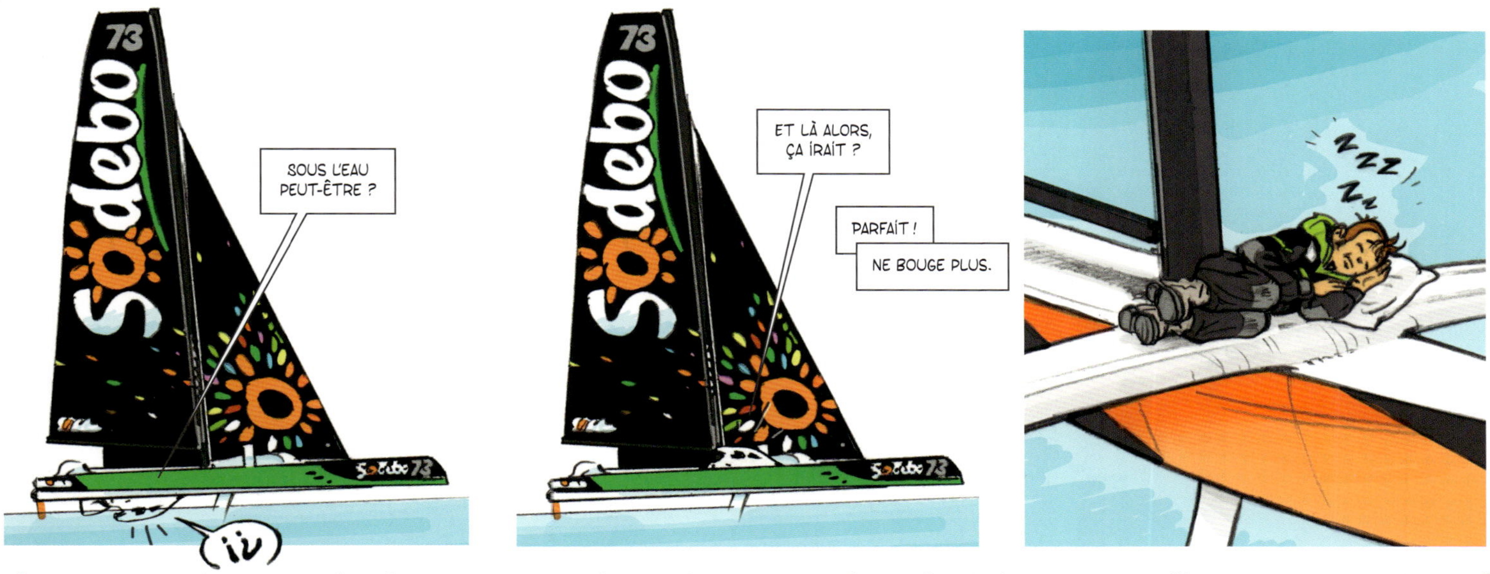

J'avais déjà en tête l'esquisse d'un futur bateau auquel on travaillait avec l'architecte naval Renaud Bañuls. La question était : "Où est-ce que je gênerais le moins ?" Et on s'est rendu compte que cela me positionnait plus près du mât, au point de gravité, ce qui permettait en plus de renforcer l'action des foils et de gagner du poids. On s'emballait sur ces plans et ces recherches, mais sans budget pour les réaliser. Je ne me voyais pas demander quoi que ce soit à Sodebo sans avoir décroché le record.

J'étais cuit, complètement, rétamé. Cela faisait 17 jours depuis le cap de Bonne-Espérance, 20 000 km, constamment sous un ciel gris.
Allongé sur le pont, je quittais progressivement l'état de robot pour revenir à mon statut d'humain et…
C'est là que sur ma joue… Une pointe de chaleur, comme une aiguille, douce, une plume. Le ciel laissait passer un rayon de soleil…
Et pourtant, le sud, c'est toujours gris, un gris fait de milliers de nuances, mais seulement de gris…
Pas de doute, l'humain refaisait surface.
DING !
Salut, salut ! Loin de moi l'envie de te sortir de tes pensées, mais as-tu pu étudier ce qu'il se passe après le Horn ?
As-tu vu la cerise posée sur le gâteau ?… Une petite dépression comme je les aime… Si on la chope, c'est ligne droite jusqu'à l'équateur, tout en douceur.
ÇA ME PARAÎT UN PEU TROP BEAU CETTE AFFAIRE…

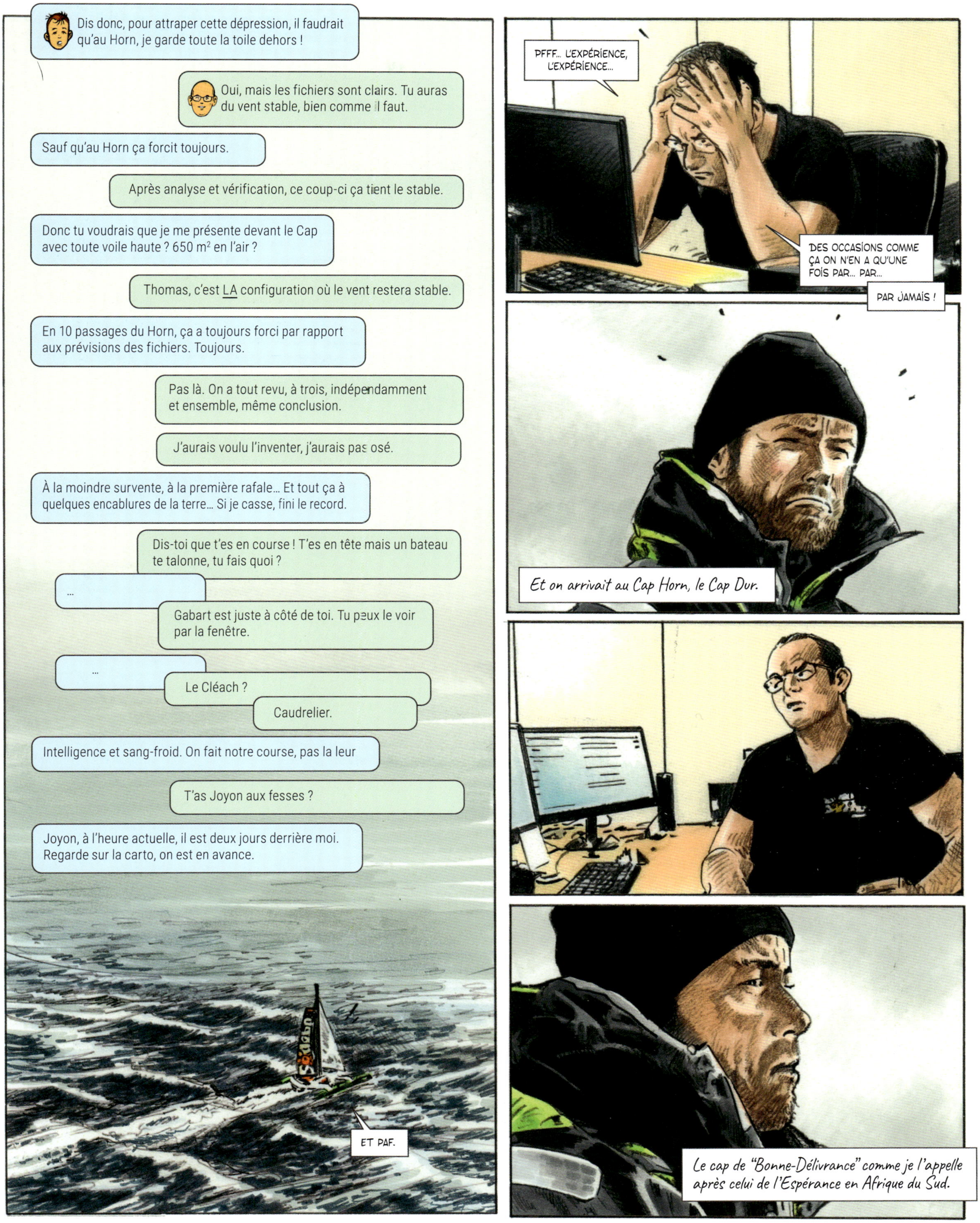
Dis donc, pour attraper cette dépression, il faudrait qu'au Horn, je garde toute la toile dehors !
Oui, mais les fichiers sont clairs. Tu auras du vent stable, bien comme il faut.
Sauf qu'au Horn ça forcit toujours.
Après analyse et vérification, ce coup-ci ça tient le stable.
Donc tu voudrais que je me présente devant le Cap avec toute voile haute ? 650 m² en l'air ?
Thomas, c'est LA configuration où le vent restera stable.
En 10 passages du Horn, ça a toujours forci par rapport aux prévisions des fichiers. Toujours.
Pas là. On a tout revu, à trois, indépendamment et ensemble, même conclusion.
J'aurais voulu l'inventer, j'aurais pas osé.
À la moindre survente, à la première rafale… Et tout ça à quelques encablures de la terre… Si je casse, fini le record.
Dis-toi que t'es en course ! T'es en tête mais un bateau te talonne, tu fais quoi ?
…
Gabart est juste à côté de toi. Tu peux le voir par la fenêtre.
…
Le Cléach ?
Caudrelier.
Intelligence et sang-froid. On fait notre course, pas la leur
T'as Joyon aux fesses ?
Joyon, à l'heure actuelle, il est deux jours derrière moi. Regarde sur la carto, on est en avance.
ET PAF.
PFFF… L'EXPÉRIENCE, L'EXPÉRIENCE…
DES OCCASIONS COMME ÇA ON N'EN A QU'UNE FOIS PAR… PAR…
PAR JAMAIS !
Et on arrivait au Cap Horn, le Cap Dur.
Le cap de "Bonne-Délivrance" comme je l'appelle après celui de l'Espérance en Afrique du Sud.

Jean-Luc ?
C'est Sam. Il est parti se coucher.
Ah.
On attend ta décision. On surveille les évolutions du vent. Ça se présente bien.
EH BIEN SI ON M'ATTEND...
... EN RONFLANT...
... MOI...
EN AVANT !
JE CHANGE DE VOILE.

IL EN A DE BONNES LUI !
FAUT RESPECTER LE HORN...
... ET LES CAP-HORNIERS.
SODEBO
COMME ÇA, ON EST PARÉ POUR LE PETIT COUP DE VENT DE LA CORDILLÈRE DES ANDES...

Le passage du Cap Horn, ça représente des années de travail et beaucoup de pugnacité. C'est la fin du long tunnel des mers du Sud. Ça fait du bien de les quitter parce qu'on peut relever un peu la tête. Ça fait du mal de les quitter parce que ce n'est pas un hasard si j'y vais, une attirance, un magnétisme pour ce Grand Sud.

On se demande toujours quand sera la prochaine fois avec envie et appréhension. Toujours ces deux sentiments qui s'entrechoquent et qui doivent cohabiter. "Protège-toi contre ton courage" m'a écrit un jour Jean-Luc alors que j'entrais dans le Grand Sud... Aborder l'inconnu sans jamais se départir de la raison.

Le Horn a toujours été une rencontre, je l'ai personnifié, il existe en tant qu'être au fond de moi. C'est un rendez-vous, le retour à la civilisation, à notre monde, l'au revoir à un autre qui reste, toujours, mystérieux.

ÇA PEUT DONC ÊTRE CALME, ICI, SANS RAFALE ?... MÊME AU BOUT DE 10 TOURS DU MONDE, IL FAUT ENCORE QUE JE RENCONTRE L'INCONNU.
SALUT !
Je ne me sens pas bien ici, mais je m'y sens à ma place.

BON.
BON, BON, BON.
ALORS ?
LE VENT N'A PAS FORCI ?
ON NE PEUT PAS RÉUSSIR À TOUS LES COUPS...
ET IL AVAIT FAIT SON CHANGEMENT DE VOILE...
LA DÉPRESSION NE L'A PAS ATTENDU, IL A DÉPENSÉ UN PAQUET D'ÉNERGIE... SON MORAL A DÛ EN PRENDRE UN COUP. UN SACRÉ COUP. MERDE. FAUT QU'ON LE SOUTIENNE, ÇA NE VA PAS ÊTRE FACILE POUR LUI.
C'EST VRAI QUE J'AURAIS PEUT-ÊTRE DÛ...
ON VA EN ENTENDRE PARLER UN MOMENT. VOUS ALLEZ VOIR QU'IL VA S'EN VOULOIR JUSQU'À L'ÉQUATEUR !
FAUT LE CENTRER SUR CE QUI ARRIVE, CE QUI EST DEVANT. SURTOUT QU'ENTRE-TEMPS J'AI REFAIT TOURNER LES ROUTAGES... MÊME TOUTES VOILES HAUTES ON NE L'AURAIT PAS EUE CETTE DÉPRESSION. C'ÉTAIT TROP COURT. J'AI ÉTÉ UN PEU GOURMAND SUR CE COUP-LÀ. ET LE PIRE, C'EST QU'IL NE VA PAS ME CROIRE... ON REGARDE DEVANT !
ET AVEC LE RETOUR EN ATLANTIQUE, ON VA VERS DE NOUVEAUX TYPES DE CONDITIONS. PLUS LE MORAL, LA FATIGUE, L'USURE DES MATÉRIAUX...
ON A DES ACQUIS, IL FAUT S'APPUYER DESSUS. ANALYSE, EFFICACITÉ, PERFORMANCE.
MÉFIONS-NOUS DE NOTRE AFFECT, PAS D'EMPATHIE COMPLAISANTE. ON RESTE FACTUEL, MATHÉMATIQUE. IL FAUT LE GARDER LÀ OÙ IL EST LE MEILLEUR : DANS LE DUR. ON NE PEUT RIEN LUI PROMETTRE D'AUTRE.
CE QU'IL FAIT EST UNIQUE, C'EST POUR ÇA QU'IL LE FAIT ET POUR ÇA QU'ON LE SUIT.

La préparation et l'entraînement, durant toutes ces années, durant l'immense majorité de notre vie de marin, consistent à imaginer tout ce qui pourrait arriver. À prévoir et anticiper pour créer des automatismes et des procédures en réponse à toute éventualité.

Et en partant en mer, il faut inverser totalement ce schéma de pensée.

On plonge dans un univers où l'on sait que ce ne sera jamais comme prévu. Qu'il faudra répondre, en plus du prévu, à ce qui était imprévisible, répondre à l'inconnu.

On sait qu'on ne sait pas et c'est parce qu'on le sait qu'on saura réagir.

On sera à l'écoute, on aura la maîtrise de nos capacités techniques et physiques et on sera en posture d'apprentissage. L'inconnu est une zone de pleine responsabilité.

En revenant dans l'Atlantique, on aimerait être de retour dans le connu, mais courir autour du monde, c'est l'inconnu du début à la fin. Ce n'est vraiment qu'à l'arrivée qu'on revient dans notre monde.

* POUR RÉDUIRE LA VOILURE ET DONC DIMINUER LA FORCE EXERCÉE SUR LE BATEAU, ON CHANGE LA OU LES VOILE(S) D'AVANT MAIS LA GRAND-VOILE EST UNIQUE ET RESTE CONSTAMMENT EN L'AIR. ON PEUT Y PRENDRE DES RIS, C'EST-À-DIRE RÉDUIRE SA SURFACE EN LA FAISANT DESCENDRE D'UNE CERTAINE HAUTEUR.

C'EST BIEN COINCÉ
CE TRUC...

ÇA VEUT PAS...
OOOOOH... !
ALLEZ ! VIENS.
AÏÏÏE !
P... DE M...
... LA LAMPE... ELLE A FAIT LE GRAND PLONGEON.
SANS LUMIÈRE, ÇA VA ÊTRE MOINS DRÔLE.
PLUS QU'À REDESCENDRE.
Est-ce qu'Élie aurait une idée ?

PAS BÊTE.
R&D – Attached Pictures
TING !
ON APPREND, ON APPREND.
VINGT MINUTES DE PAUSE, UNE FRONTALE NEUVE ET ON Y RETOURNE.
RESPIRER.
SOUFFLER.
RESPIRER.
IL M'A DIT DE FAIRE LEVIER AVEC...
AAAAAAH...

MARCHE PAS.
GNNNN...H.
ON RECOMMENCE.
REDESCENDRE MAINTENANT.
YAAAAAH!

Chariot remplacé.
JE SUIS CUIT.
YES!!
BIEN JOUÉ ! ON N'ÉTAIT PAS LOIN DE LA CORRECTIONNELLE... COUP DE VENT ET GRAND-VOILE HAUTE... PAS SÛR QUE LE MÂT AURAIT TENU...
Tu vas avoir 24 heures compliquées. Mer vraiment sale et une bonne claque de vent. Ça va taper.
Encore plus que ces derniers jours ?
Beaucoup plus. Mais tu as une bonne heure avant de changer la voile d'avant et prendre 2 ris. Mange et dors, profites-en.
UNE BONNE HEURE...

Baston, mer incroyable.

ÇA NE VA PAS FORT.
ON DIRAÎT.
PAS UN HASARD SÎ LUÎ EST LÀ-BAS ET NOUS ÎCÎ, AU CHAUD.
ON RESTE CONCENTRÉS SUR LA STRATÉGIE. NOTRE CONFORT, C'EST SA LUCIDÎTÉ, UNE PART DE SA PERFORMANCE ET SA SÉCURÎTÉ.

En course, ce que tu ressens est décuplé. Tu es à fleur de peau, tous tes sens sont mobilisés, tu sais qu'avec de telles machines, tu peux te retourner en quelques secondes. Que tu chavires ou que tu casses, c'est un projet mené depuis de longues années avec toute une équipe qui échoue. Quand tu es dans le dur avec du vent et de la mer, tu veux que ça cesse. Et dès que tu es dans la pétole, tu stresses parce que tu n'avances plus. Ce sont des montagnes russes émotionnelles. Un tour du monde de montagnes russes, 24 heures sur 24, 7 jours sur 7. Tu passes en quelques heures du rire aux larmes et ça recommence.

Comment composer avec ça alors que tu dois naviguer et rester concentré ? Peut-être que l'on peut taire ses montées et descentes émotionnelles. Peut-être mais pas moi. Ce n'est pas la voie que j'ai choisie. Si je suis heureux, pourquoi le cacher ? Et pourquoi ne pas en faire autant dans le désarroi ? Alors je dis tout, je partage, je pleure, je hurle, je crache, je bave. C'est beau, aussi.

La bienveillance, ce n'est pas se mettre à la place de l'autre, c'est l'accompagner. Comprendre où il veut aller et l'épauler sur ce chemin. Ce qui veut parfois dire le recadrer, l'engueuler s'il se perd... La bienveillance ce n'est pas la charité, c'est entendre la singularité et la soutenir.

Celles et ceux avec qui je communique depuis la mer le savent, je ne me cache pas, je n'en suis pas capable et n'en vois pas l'intérêt. Je vis et gère mes émotions en les partageant.

JE SUIS BIEN LÀ OÙ JE SUIS ET IL EST LÀ OÙ IL VEUT ÊTRE. TOUT EST À SA PLACE.
ET IL MANGE DANS TOUT ÇA ?
ÇA VA.
IL DORT ?
BOF.
C'EST EN TRAIN DE S'ÉCLAIRCIR DEVANT. IL VA REPRENDRE LA BANANE AUX LATITUDES DE RIO.
ET PUIS ENSUITE, LIGNE DROITE JUSQU'À L'ÉQUATEUR ! ÇA SOURIT À NOUVEAU.
On va mettre sur pause la machine à laver. Enfile ton maillot de bain, tu vas te remettre au surf !
Le cycle essorage aura été long, essaye de me laisser un peu de temps sur l'étendoir cette fois-ci.
IL EST DEDANS ET EN FORME AVEC ÇA !
TOUT EN BAS, TOUT EN HAUT : LES MONTAGNES RUSSES VOUS SONT OFFERTES PAR LA COMPAGNIE SODEBO !

Dis donc Jean-Luc.

J'ai repris les routages d'avant-hier. On est légèrement en avance par rapport à la prévision mais on s'est finalement un peu décalés dans l'est. On est allés plus vite mais pas exactement au même endroit. Tu crois que si on était en course et qu'on avait pour concurrent le bateau prévu par ce routage, on aurait osé ce décalage ? Ne serait-on pas restés dans son axe pour le contrôler ? Et dans ce cas, aurait-on réussi à faire mieux que le routage ou moins bien ?
C'EST JUSTE POUR VOIR, COMME ÇA, UNE HYPOTHÈSE DE TRAVAIL.
Parce que si je regarde le routage d'il y a 4 jours, on est en retard. On se serait fait dépasser par mon moi virtuel mais en étant finalement moins bien placés pour la suite.
Par ton toi virtuel... ?
Oui, par le concurrent que j'aurais été si j'avais réussi à tenir le routage.
Mais tu sais bien que lorsque la mer est dans un état pas possible, les routages-logiciels sont un peu trop optimistes, pareil dans les zones sans vent. Et inversement, ils sont en deçà de ce qu'on arrive à tenir lorsque les conditions sont OK pour les hautes vitesses. C'est pour ça qu'on les interprète, c'est une indication, une aide à la décision, pas un juge de paix.
ET ACCESSOIREMENT C'EST À ÇA QUE JE SERS DANS L'HISTOIRE...
Je sais, je sais. Mais imagine : on est en course et les bateaux virtuels qu'on crée à chaque routage sont nos concurrents. On serait devant ?
Chaque jour on fait deux, parfois quatre routages, et en simulant plusieurs options, soit plusieurs bateaux virtuels. Alors le dernier routage, c'est celui avec lequel tu dois te battre. Mais ceux des jours précédents...
trimaran virtuel routage 1/14
trimaran réel
h-42
route faite
8/28
26/28
1/16
2/16
15/16
12/16
19/28
22/28
routage 2/28
routage 1/14
7/16
routage 5/19
6/19
12/19
h-4
h-28
h-39
Imagine alors qu'on se soit trompés dans un de nos choix. Imagine qu'on aurait pu faire mieux. Dis-moi ! Si c'est ça, je remets du charbon, faut rien lâcher. C'est pas parce qu'on va vite qu'il ne faut pas cravacher.

Thomas, crois-moi, on ne lâche rien ! Tu es dans les 30 nœuds de moyenne et tu as 2 000 milles d'avance sur Joyon. C'est plus qu'un Moscou-Madrid !
Oui, mais...
Pas de mais ! La météo rencontrée n'est jamais celle exactement prévue. Ton bateau virtuel, il est selon une météo virtuelle. Les jeux vidéo, je m'en moque. C'est dans la réalité que je veux que tu gagnes. Ne t'encrasse pas la tête avec le virtuel !
OK, je vide la corbeille...
MAIS IL N'EN RESTE PAS MOINS... QUE LE MOI D'IL Y A TROIS JOURS, TOUT VIRTUEL SOIT-IL... JE VAIS L'AVOIR.
THIERRY, S'IL TE PLAÎT, TROUVE-MOI QUELQUE CHOSE POUR LUI OCCUPER LE CERVEAU ET LES MAINS. UNE PROPOSITION DE RÉGLAGES POUR AMÉLIORER MÊME D'UN POUILLÈME SA VITESSE OU CE QUE TU VEUX TANT QUE ÇA LUI FAIT FAIRE QUELQUE CHOSE. IL EST REMONTÉ COMME UN COUCOU ET C'EST NOUS QUI ALLONS FATIGUER AVANT LUI...
JE ME DISAIS JUSTEMENT QU'ON POURRAIT DONNER UN PEU PLUS DE TENSION À L'ÉTAI POUR COURBER LÉGÈREMENT LE GUINDANT. ÇA DEVRAIT...
PARFAIT ! ENVOIE-LUI ÇA.
ÇA SENT L'ÉCURIE ET IL EST DÉJÀ DANS LA PROJECTION DU PROCHAIN GALOP... QUAND VA-T-IL SOUFFLER ?
MAIS C'EST VRAI QUE SI ON REPREND LE ROUTAGE DE L'AUTRE JOUR...
ON EST PAS MAL... PAS MAL DU TOUT.
ET 5 JOURS AVANT... ÇA DONNE QUOI ?...
La compétition génère une émulation incroyable, on ne se satisfait jamais de là où l'on est. Si tu as du retard il faut le combler, si tu as de l'avance il faut la conforter.
PAS SI PIRE... VOYONS.
ILS SONT INTÉRESSANTS CES BATEAUX VIRTUELS.

On court après un maximum qu'on espère ne jamais atteindre car il ne se définit que par la rupture : ne pas lever le pied lorsque le bateau peut encore accélérer mais relâcher avant qu'il ne casse. S'épuiser à faire avancer le bateau mais rester lucide pour savoir quand ne pas aller plus loin.
Sodebo

PASSAGE DE L'ÉQUATEUR EN 41 JOURS, UNE SEMAINE D'AVANCE SUR JOYON.
Le pot au noir ne devrait pas trop te ralentir, il s'annonce avec un minimum de vent en permanence. Prépare-toi à slalomer entre les grains mais a priori sans changement de voiles.
TROUPEAU DE NUAGES EN VUE. ON VA TENTER DE CHEVAUCHER ENTRE LES GOUTTES.
QUOI QUE... JE POURRAIS EN PROFITER...
BIEN, ON EST PARÉ À TOUTE ÉVENTUALITÉ.
CELUI-LÀ M'A L'AIR PARFAIT.
Sodebo

ÇA VIENT !
ÇA VIENT !
RHÂÂÂÂÂ !
TROP COURT !
QUI A FERMÉ LE ROBINET ?
LE CIEL, TU RALLUMES ?
ET PAS D'AUTRE NUAGE À L'HORIZON...
... RINÇAGE À L'EAU DE MER, TOUT EST À REFAIRE.

JOLIE TRAJECTOIRE, IL N'A PRESQUE PAS RALENTI EN TRAVERSANT LE POT AU NOIR.
MAIS LA SUITE S'ANNONCE DURAILLE : SALE MER POUR COMMENCER ET ENSUITE ON SE REPREND UNE CARTOUCHE.
LA SALE MER, IL N'Y COUPERA PAS. PAR CONTRE LA BASTON... ON DEVRAIT SE MAINTENIR DEVANT, QU'ELLE NOUS POUSSE JUSQU'À LA LIGNE D'ARRIVÉE.
ET TANT MIEUX QUE ÇA RESTE DUR. VU SON NIVEAU DE FATIGUE, UN BON ÉTAT D'EXCITATION LE FERA TENIR.
SANS COMPTER QUE DEPUIS SON RETOUR DANS L'ATLANTIQUE, IL DOIT AVOIR LE STRESS DE TAPER DANS UNE BILLE DE BOIS, UN CONTAINER OU JE NE SAIS QUOI.
SÛR... ET À ÇA, ON NE PEUT RIEN Y FAIRE. ÇA DOIT LE RONGER.
LES MUSCLES VONT SUIVRE, AUCUN DOUTE, MAIS IL PEUT AVOIR DES SAUTES DE CONCENTRATION. ON NE VA PAS PLUS POUVOIR ÊTRE DANS LA GESTION DE L'EFFORT. ON JOUE À BOUT DE SOUFFLE JUSQU'À LA DERNIÈRE SÉANCE.
ON LUI LÂCHE LA BRIDE : QU'IL DONNE TOUT JUSQU'À ÊTRE CARPETTE, CRAMÉ.
BONJOUR LES PRÉVISIONS ! C'EST DU TOUT POURRI JUSQU'À LA MAISON.

ON A L'ANTICYCLONE DES AÇORES À CONTOURNER AVEC DU VENT DE TRAVERS ET UNE MER DE FACE. LA PIRE DES ALLURES POUR LE BATEAU...
ET ENSUITE UNE TEMPÊTE EN PROVENANCE DE LA CÔTE AMÉRICAINE. UN CLASSIQUE, COPIEUX, QUI DEVRAIT NOUS POUSSER JUSQU'À BREST.
VA PAS FALLOIR MOLLIR POUR L'ATTRAPER ET RESTER DEVANT.
Je me souviens d'une histoire. C'est un Français qui est sur le ponton d'Ushuaïa, où il vient de s'amarrer. Le responsable du port lui souhaite la bienvenue et lui demande ce qu'il vient faire dans ce bout du monde. « Parce que le Horn bien sûr » et l'Argentin lui répond « Mais vous avez Ouessant. » ... L'Atlantique Nord en hiver, l'Atlantique Nord en bataille.
?!
Sortie de route ?
Non, refus de priorité. Un cétacé, un globicéphale j'ai cru voir.
FAUSSE ALERTE ! MAIS SEMBLE PAS ÊTRE PASSÉ LOIN CELUI-LÀ.

La voile au large, c'est un sport qui te réclame une endurance à nulle autre pareille. Même quand tu dors tu restes concentré sur ta course, prêt à réagir, dynamique et nerveux. Un tour du monde, je l'ai fait en 49 jours et Gabart, un an après, en 42 jours. Soit plus de mille heures à fournir un effort, 3 millions de secondes. Pour les meilleurs, sur le 100 mètres, c'est 10 secondes d'effort, l'ultra-trail du Mont-Blanc, c'est une vingtaine d'heures. Difficile de comparer – et peut-être même inutile –, mais comment se représenter une telle durée, la ressentir, la faire vivre à celles et ceux qui me suivent ?

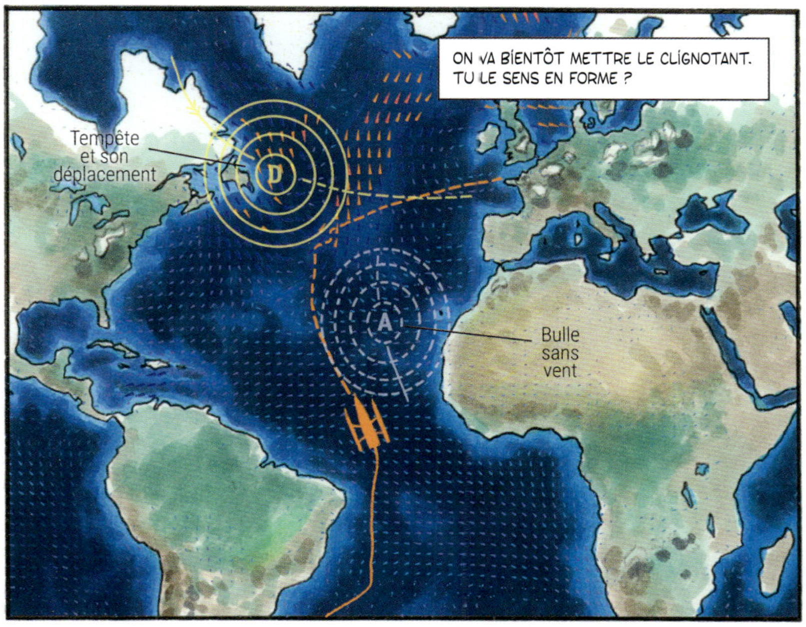

ARRIVÉE - 3 JOURS
ARRIVÉE - 2 JOURS

Le foisonnement, le tourbillon, le maelström qu'est le grand large à bord de ces bateaux que l'on mène sans cesse à la limite est un chaos que j'aborde avec appétit. Que ça tourne et que ça remue, c'est une perte de repères positive, celle d'où naît la création. On essaye et on tombe. Combien de fois suis-je tombé ? Des bateaux cassés – mais toujours ramenés à terre –, des courses abandonnées, des blessures, des tentatives de records, des places d'honneur quand on visait la plus haute, des essais et des échecs, bien sûr aussi des réussites ! À chaque fois c'est une marche pour continuer à grimper l'escalier que l'on construit en montant. Je suis tombé de haut plus d'une fois, mais je ne me suis pas contenté de contempler mon corps démantibulé. Ça se relève un corps, ça se remet en marche, ça oublie sa condition pour s'intéresser à sa chute et à son pourquoi.

PASSAGE DE LA LIGNE DANS...

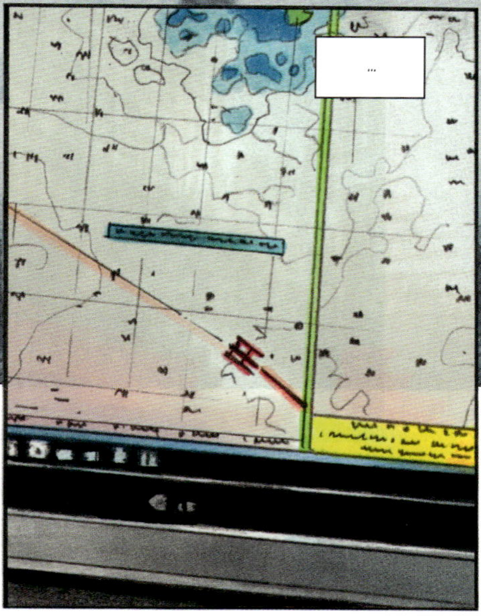
...

Et à chaque chute, la question revient : est-ce que je me trompe ? Est-ce que je fais se tromper mon équipe et mon sponsor ? J'ai longtemps vécu ces questionnements à travers une culpabilité paralysante. Mais l'enjeu est de construire une relation faite d'honnêteté. Il ne faut pas que je sois soutenu dans ma quête, il faut que ma quête soit partagée, soit celle de mon équipe et de mon sponsor, que le projet dépasse ma personne, devienne collectif. Si je tombe, la culpabilité n'a ni sens, ni utilité. Il m'a fallu du temps pour le comprendre, il m'a fallu une très grosse chute pour réellement accepter l'aide de mon équipe et de mon sponsor. Accepter qu'ils ne me suivaient pas mais que nous y allions ensemble. Il m'a fallu un regard extérieur pour m'éclairer sur l'inutilité de cette culpabilité. Mes chutes étaient nos chutes, partagées et dans lesquelles personne n'était dupé et où tout le monde avait agi à son maximum.

« L'expérience, ce n'est pas ce qu'il vous arrive, c'est ce que vous faites de ce qu'il vous arrive » – Aldous Huxley

Une réussite, c'est un bout de construction collective. On a décidé de jouer le jeu de l'innovation, de la prise de risque et de la création, et lorsque BAM !, le record du tour du monde est là, le graal !, on doit continuer aussi vite car dans l'élan, il se pourrait que la marche suivante n'en soit que moins dure à atteindre.

« DEVANT NOUS, IL Y A DES CHOSES FORMIDABLES, ENCORE PLUS DURES À ATTEINDRE, MAIS MAINTENANT ON A LA PREUVE, ASSURÉMENT, QU'ON EN EST CAPABLES. CE RECORD, C'EST UNE PORTE QUI S'OUVRE, NI UNE FIN, NI UN ADIEU. DEMAIN ON S'Y REMET. »
ET C'EST REPARTI ! ON LE RETROUVE COMME ON L'AVAIT QUITTÉ.
« CE N'EST PAS UNE JOIE QUI SORT D'UN SEUL COUP. C'EST UNE JOIE QUI EST PROFONDE, QUI EST DENSE, PRESQUE LOURDE. ELLE ÉTAIT LÀ, EN MOI, DEPUIS DES ANNÉES. C'EST UNE JOIE QUI ME LIBÈRE DE BEAUCOUP DE CHOSES. AVEC TOUTE L'ÉQUIPE SODEBO, ÇA FAIT 10 ANS QU'ON TRAVAILLE POUR EN ARRIVER LÀ. C'ÉTAIT UN RÊVE ET CE RÊVE, ON LE SAVAIT, ÉTAIT DIFFICILE À ATTEINDRE. »

« AVANT TOUT, JE VOUDRAIS FAIRE UNE HAIE D'HONNEUR À CELUI QUI AURA ÉTÉ MA RÉFÉRENCE PENDANT TOUTE CETTE ANNÉE. À CE MONSIEUR QU'EST FRANCIS JOYON. AUJOURD'HUI JE L'AI BATTU, MAIS IL RESTERA TOUTE MA VIE UNE RÉFÉRENCE. JE L'AI ADMIRÉ, JE ME SUIS BATTU CONTRE LUI ET JE LE RESPECTERAI TOUTE MA VIE. »
« CE QUE J'AIMERAIS QU'ON RETIENNE, CE NE SONT PAS LES 49 JOURS. C'EST LE CHEMIN QU'ON A FAIT TOUS ENSEMBLE POUR ARRIVER À CES 49 JOURS. C'EST D'AVOIR TENTÉ, D'AVOIR OSÉ, DE NE PAS AVOIR LÂCHÉ, ET AUJOURD'HUI, AUJOURD'HUI ÇA A MARCHÉ. »

On avait atteint l'ultime ! J'y étais, on y était ! Au 25 décembre 2016, le tour du monde en solitaire en record était mon ultime.
Dix années de travail et de persévérance pendant lesquelles on a tenté, j'ai échoué, je suis tombé, on s'est relevés, on s'est reconstruits.

Patricia Brochard,
coprésidente de Sodebo

Une nuit à l'horizontale, sans roulis ni tangage, sans alarme, sans bruit,
les heures qui s'enchaînent sans obligation de réveil...
J'ai mal dormi, perdu l'habitude...

Enfin... J'ai bien dormi pour un marin
et mal pour un Terrien.

Jean-Christophe Moussard, directeur de l'équipe
Élie Canivenc, coord nateur de la construction
EN FAIT PATRICIA NOUS L'AVAIT ANNONCÉ ALORS QUE THOMAS ÉTAIT ENCORE EN MER.
IL ALLAIT PASSER LE CAP HORN SI JE ME SOUVIENS BIEN.
ON S'EST LANCÉS SANS ATTENDRE DANS LA MISE EN PLACE D'UNE CHAÎNE DE PRODUCTION.
CHANTIER, HANGAR, CARBONE, DISPONIBILITÉ, PLANNING...
SANS SAVOIR LE BATEAU QU'ON ALLAIT CONSTRUIRE, ON POUVAIT DÉJÀ AVANCER SUR TOUS CES SUJETS.
AUXQUELS IL FAUT AJOUTER LA PROBLÉMATIQUE DE LA CONCURRENCE.
TU VAS PRIVILÉGIER TEL CHANTIER, IMAGINER LES PROXIMITÉS HUMAINES ENTRE UNTEL ET UNTEL, ESSAYER D'ADAPTER TON PLANNING...
EN FABRIQUANT UN PROTOTYPE, TU ACQUIERS DES COMPÉTENCES ET TU AIMERAIS QU'ELLES ARRIVENT LE MOINS RAPIDEMENT POSSIBLE CHEZ LE VOISIN.
C'EST UNE CHANCE ÉNORME... MAIS C'EST AUSSI UN TOUT PETIT MILIEU.
EN BRETAGNE, ON A UN TISSU DE SAVOIR-FAIRE COMPLÈTEMENT INCROYABLE. UNE INDUSTRIE DE POINTE D'UNE DENSITÉ QU'ON NE RETROUVE NULLE PART AILLEURS.
ON DEVAIT PROFITER DE NOTRE ENVIRONNEMENT SANS S'Y LAISSER ENFERMER. ALLER VOIR AILLEURS TOUT EN PROFITANT DE CHEZ NOUS.
SITÔT ARRIVÉ À TERRE, ÇA N'A PAS TRAÎNÉ ET ON ÉTAIT PRÊTS, EN ORDRE DE MARCHE.
ON NE SAVAIT PAS ENCORE À QUOI ON ÉTAIT PRÊTS MAIS ON L'ÉTAIT.
THOMAS A DÉBARQUÉ AVEC DEUX PROJETS. UN PLUTÔT CLASSIQUE ET UN PLUS... AVENTUREUX.
CHEZ SODEBO, LA DÉCISION A ÉTÉ RAPIDE.
SOIT TU CHOISIS D'AMÉLIORER L'ÉTAT DE L'ART, D'ALLER DANS SON SENS EN PASSANT LA MARCHE SUPÉRIEURE, MAIS AU RISQUE DE NE PAS RÉUSSIR À SURPASSER TON VOISIN. SOIT TU CHOISIS DE FAIRE LE PAS DE CÔTÉ, DE SUIVRE UNE PISTE VRAIMENT DIFFÉRENTE, AU RISQUE QUE LE PARI FASSE FLOP... CE PAS DE CÔTÉ, ON AIME À PENSER QUE C'EST L'UNE DES CARACTÉRISTIQUES DE NOTRE ENTREPRISE. ÇA NOUS A DONC PARU ÉVIDENT QU'IL FALLAIT SUIVRE CE SCHÉMA.
ET PUIS BIEN SÛR IL Y A LA QUESTION FINANCIÈRE. AVEC UN BUDGET CONSÉQUENT, SUIVRE L'ÉTAT DE L'ART EN TENTANT DE L'AMÉLIORER PEUT PARAÎTRE MOINS RISQUÉ MAIS CELA OFFRE AUSSI MOINS D'OPPORTUNITÉS. DONC AUTANT INVESTIR DANS UN PROJET PLUS AMBITIEUX.
LE PROJET DU FUTUR BATEAU EST VALIDÉ. NOUS ALLONS CONTINUER À EXPLORER DES CHEMINS DE TRAVERSE !
UNE AVENTURE MARITIME MAIS AUSSI TECHNOLOGIQUE NOUS ATTEND !
CÔTÉ BATEAU, IL N'Y AVAIT PLUS QU'À...

CÔTÉ SPORTIF ÇA AVANÇAIT AUSSI AVEC UN PAS DE GÉANT FRANCHI : LA COURSE AUTOUR DU MONDE EN SOLO EN TRIMARAN A ÉTÉ OFFICIELLEMENT ANNONCÉE ! CELLE APRÈS LAQUELLE ON COURAIT DEPUIS PRESQUE 15 ANS !
SUR L'EAU, ÇA ENVOYAIT... UNE ÉMULATION PERMANENTE !
AU MOIS DE JANVIER 2017, APRÈS DEUX PREMIÈRES TENTATIVES, JOYON DÉCROCHE LE TROPHÉE JULES VERNE, LE RECORD DU TOUR DU MONDE EN ÉQUIPAGE. IL AMÉLIORE LA DERNIÈRE MARQUE DE 5 JOURS ! ON TOURNE MAINTENANT AUTOUR DU GLOBE EN 40 JOURS !!!!
ET CE AVEC UNE PHILOSOPHIE INNOVANTE : IL CONSTITUE UN ÉQUIPAGE DE 6 MARINS LÀ OÙ HABITUELLEMENT ENTRE 10 ET 14 SONT EMBARQUÉS ! L'IDÉE D'UNE PETITE ÉQUIPE, MOINS LOURDE, AVEC DES PROFILS MOINS SPÉCIALISÉS À TEL OU TEL POSTE, VA PAR LA SUITE FAIRE SON CHEMIN DANS LA CLASSE ULTIM.
NOUS ON PART SUR UN AUTRE RECORD QUI ME TIENT PARTICULIÈREMENT À CŒUR : L'ATLANTIQUE NORD EN SOLO.
TU AS LE MARATHON DU TOUR DU MONDE ET LE SPRINT DE L'ATLANTIQUE NORD. LA GESTION DU SOMMEIL, DE L'ALIMENTATION, DU PHYSIQUE Y PASSE EN ARRIÈRE-PLAN. TU DONNES TOUT, À FOND, TOUT LE TEMPS.
ON L'EMPORTE EN 4 JOURS 11 HEURES ET 10 MINUTES. ON EST PASSÉS SOUS LA BARRE DES 5 JOURS !
À CE MOMENT LÀ, LE TEAM A LES DEUX RECORDS EN SOLITAIRE LES PLUS CONVOITÉS ! C'EST VRAIMENT UNE PÉRIODE PARTICULIÈRE POUR NOUS.

ET ÇA NE S'ARRÊTE PAS LÀ ! GITANA AVEC SÉBASTIEN JOSSE POUR SKIPPER MET SON NOUVEAU BATEAU À L'EAU AU MOIS DE JUILLET DE CETTE MÊME ANNÉE 2017. LEUR CHOIX EST DE POUSSER TOUTES LES INNOVATIONS TECHNIQUES AU MAXIMUM. L'ENGIN SEMBLE COMPLEXE ET ÉNERGIVORE POUR QUE TOUS LES SYSTÈMES ÉLECTRONIQUES FONCTIONNENT. C'EST LE HAUT DE GAMME TECHNOLOGIQUE.
PUIS EN OCTOBRE, C'EST AU TOUR DE BANQUE POP', AVEC ARMEL LE CLÉAC'H, DE DÉVOILER SON NOUVEL ENGIN. LE PARTI PRIS SEMBLE TRÈS DIFFÉRENT : MOINS EXTRÊME, MOINS COMPLEXE, FAISANT LA SYNTHÈSE ENTRE INNOVATION ET PRUDENCE TECHNOLOGIQUE.
ET ARRIVE LA TRANSAT JACQUES VABRE EN NOVEMBRE : LA TRAVERSÉE DE L'ATLANTIQUE À DEUX. L'EXERCICE DU DUO, IL NE FAUT PAS LE COMPARER À DE L'ÉQUIPAGE, CELA S'APPARENTE PLUS À DU SOLITAIRE EN ALTERNANCE. DONC PLUS DE SOMMEIL POUR CHACUN MAIS AUCUN TEMPS MORT... LE BATEAU EST AU MAXIMUM DE SES CAPACITÉS TOUT LE TEMPS.
SODEBO 73
AVEC JEAN-LUC, ON L'EMPORTE DEVANT SÉBASTIEN JOSSE ET THOMAS ROUXEL SUR LEUR BATEAU ENCORE EN RODAGE.
LE MÊME MOIS, FRANÇOIS GABART S'ÉLANCE POUR TENTER DE ME RAVIR LE RECORD DU TOUR DU MONDE EN SOLO SUR SON TRIMARAN DE NOUVELLE GÉNÉRATION.
MACIF
ET AU MOIS DE DÉCEMBRE, C'EST YVES LE BLEVEC QUI PART LUI AUSSI POUR UN TOUR DU MONDE EN SOLO SUR SON TRIMARAN, MAIS DANS L'AUTRE SENS POUR LUI !
53

Tu imagines le potentiel de ces bateaux ? En un an, on améliore un record de presque 15 % ! Je ne sais pas si ça s'est déjà vu dans l'histoire d'un sport.

De décembre 2016 à décembre 2017, on est dans une émulation exceptionnelle. Sur l'eau, on a le résultat des avancées imaginées et affinées depuis plusieurs années. Tout est là et il ne faut pas qu'on laisse retomber ces énormes dispositions. Il faut qu'on transforme nos réussites en pérennisant la voie dans laquelle on s'est engagés, les directions technologiques et sportives sur lesquelles on travaille depuis déjà tant d'années.

Et ça, ce n'est pas une mince affaire...

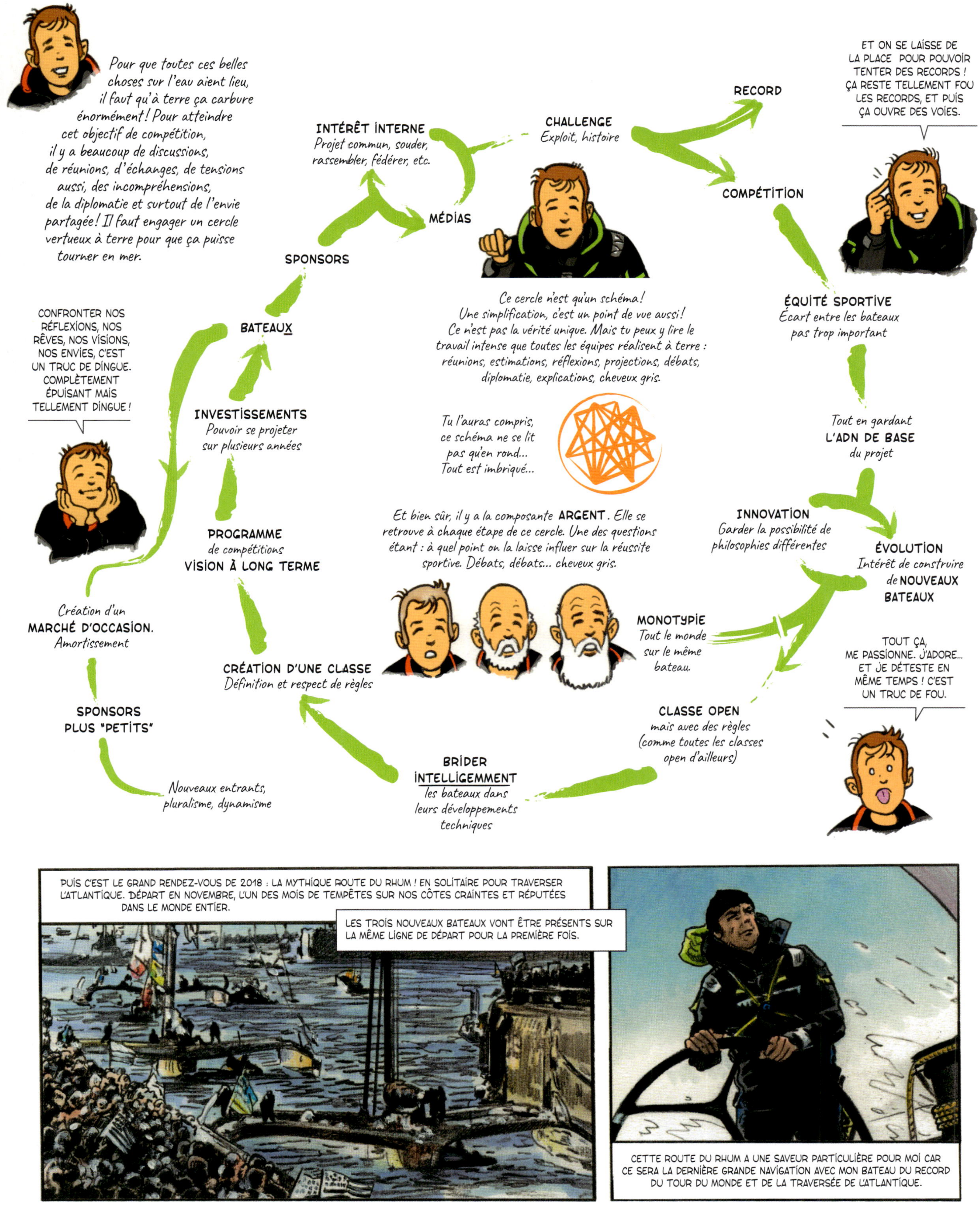
Pour que toutes ces belles choses sur l'eau aient lieu, il faut qu'à terre ça carbure énormément ! Pour atteindre cet objectif de compétition, il y a beaucoup de discussions, de réunions, d'échanges, de tensions aussi, des incompréhensions, de la diplomatie et surtout de l'envie partagée ! Il faut engager un cercle vertueux à terre pour que ça puisse tourner en mer.
INTÉRÊT INTERNE
Projet commun, souder, rassembler, fédérer, etc.
CHALLENGE
Exploit, histoire
RECORD
ET ON SE LAISSE DE LA PLACE POUR POUVOIR TENTER DES RECORDS ! ÇA RESTE TELLEMENT FOU LES RECORDS, ET PUIS ÇA OUVRE DES VOIES.
COMPÉTITION
MÉDIAS
SPONSORS
ÉQUITÉ SPORTIVE
Écart entre les bateaux pas trop important
CONFRONTER NOS RÉFLEXIONS, NOS RÊVES, NOS VISIONS, NOS ENVIES, C'EST UN TRUC DE DINGUE. COMPLÈTEMENT ÉPUISANT MAIS TELLEMENT DINGUE !
BATEAUX
Ce cercle n'est qu'un schéma ! Une simplification, c'est un point de vue aussi ! Ce n'est pas la vérité unique. Mais tu peux y lire le travail intense que toutes les équipes réalisent à terre : réunions, estimations, réflexions, projections, débats, diplomatie, explications, cheveux gris.
INVESTISSEMENTS
Pouvoir se projeter sur plusieurs années
Tu l'auras compris, ce schéma ne se lit pas qu'en rond… Tout est imbriqué…
Tout en gardant L'ADN DE BASE du projet
PROGRAMME de compétitions
VISION À LONG TERME
Et bien sûr, il y a la composante ARGENT. Elle se retrouve à chaque étape de ce cercle. Une des questions étant : à quel point on la laisse influer sur la réussite sportive. Débats, débats… cheveux gris.
INNOVATION
Garder la possibilité de philosophies différentes
ÉVOLUTION
Intérêt de construire de NOUVEAUX BATEAUX
Création d'un MARCHÉ D'OCCASION. Amortissement
MONOTYPIE
Tout le monde sur le même bateau.
TOUT ÇA, ME PASSIONNE. J'ADORE… ET JE DÉTESTE EN MÊME TEMPS ! C'EST UN TRUC DE FOU.
CRÉATION D'UNE CLASSE
Définition et respect de règles
SPONSORS PLUS "PETITS"
CLASSE OPEN
mais avec des règles (comme toutes les classes open d'ailleurs)
BRIDER INTELLIGEMMENT
les bateaux dans leurs développements techniques
Nouveaux entrants, pluralisme, dynamisme
PUIS C'EST LE GRAND RENDEZ-VOUS DE 2018 : LA MYTHIQUE ROUTE DU RHUM ! EN SOLITAIRE POUR TRAVERSER L'ATLANTIQUE. DÉPART EN NOVEMBRE, L'UN DES MOIS DE TEMPÊTES SUR NOS CÔTES CRAINTES ET RÉPUTÉES DANS LE MONDE ENTIER.
LES TROIS NOUVEAUX BATEAUX VONT ÊTRE PRÉSENTS SUR LA MÊME LIGNE DE DÉPART POUR LA PREMIÈRE FOIS.
CETTE ROUTE DU RHUM A UNE SAVEUR PARTICULIÈRE POUR MOI CAR CE SERA LA DERNIÈRE GRANDE NAVIGATION AVEC MON BATEAU DU RECORD DU TOUR DU MONDE ET DE LA TRAVERSÉE DE L'ATLANTIQUE.

TOUTE L'AVANT-COURSE A ÉTÉ TRAVERSÉE PAR UNE PRÉOCCUPATION : L'ARRIVÉE D'UNE DÉPRESSION TRÈS JOUFFLUE. PARTIR DANS CES CONDITIONS N'EST PAS UNE SINÉCURE. ET C'EST BIEN LÀ L'UN DES ENJEUX MAJEURS D'UNE COURSE : ON PEUT SE RETROUVER SOUS L'EMPRISE D'UNE MÉTÉO COMPLIQUÉE ALORS QU'ON EST PROCHE DES CÔTES, ET DONC SANS CAPACITÉ DE CHOISIR SA TRAJECTOIRE.
LE DÉPART EST DONNÉ ET LES ULTIMS PARTENT À UN TRAIN D'ENFER. LORSQUE FRANÇOIS GABART PASSE LA LIGNE, SES TROIS FLOTTEURS NE TOUCHENT DÉJÀ PLUS L'EAU. LES BATEAUX VOLENT, ON Y EST !
LE VENT EST FORT MAIS RIEN D'EXTRAORDINAIRE. LA MER EST CREUSE, DES VAGUES MÉCHANTES, C'EST L'UNE DES CONTREPARTIES À LONGER LES CÔTES.
LA VITESSE DES NOUVEAUX BATEAUX EST IMPRESSIONNANTE. LÀ OÙ ON AURAIT PENSÉ DEVOIR LEVER LE PIED EN RAISON DE L'ÉTAT DE LA MER, LES SKIPPERS SE RENDENT COMPTE QUE LE BATEAU VEUT ACCÉLÉRER POUR VOLER AU-DESSUS DES VAGUES ET NE PAS LES SUBIR.
LE POTENTIEL QUI S'EXPRIME ALORS EST BLUFFANT. LES PRÉDICTIONS DES MODÈLES NUMÉRIQUES SUR LESQUELS NOUS CALCULONS NOS BATEAUX SONT DÉPASSÉES.

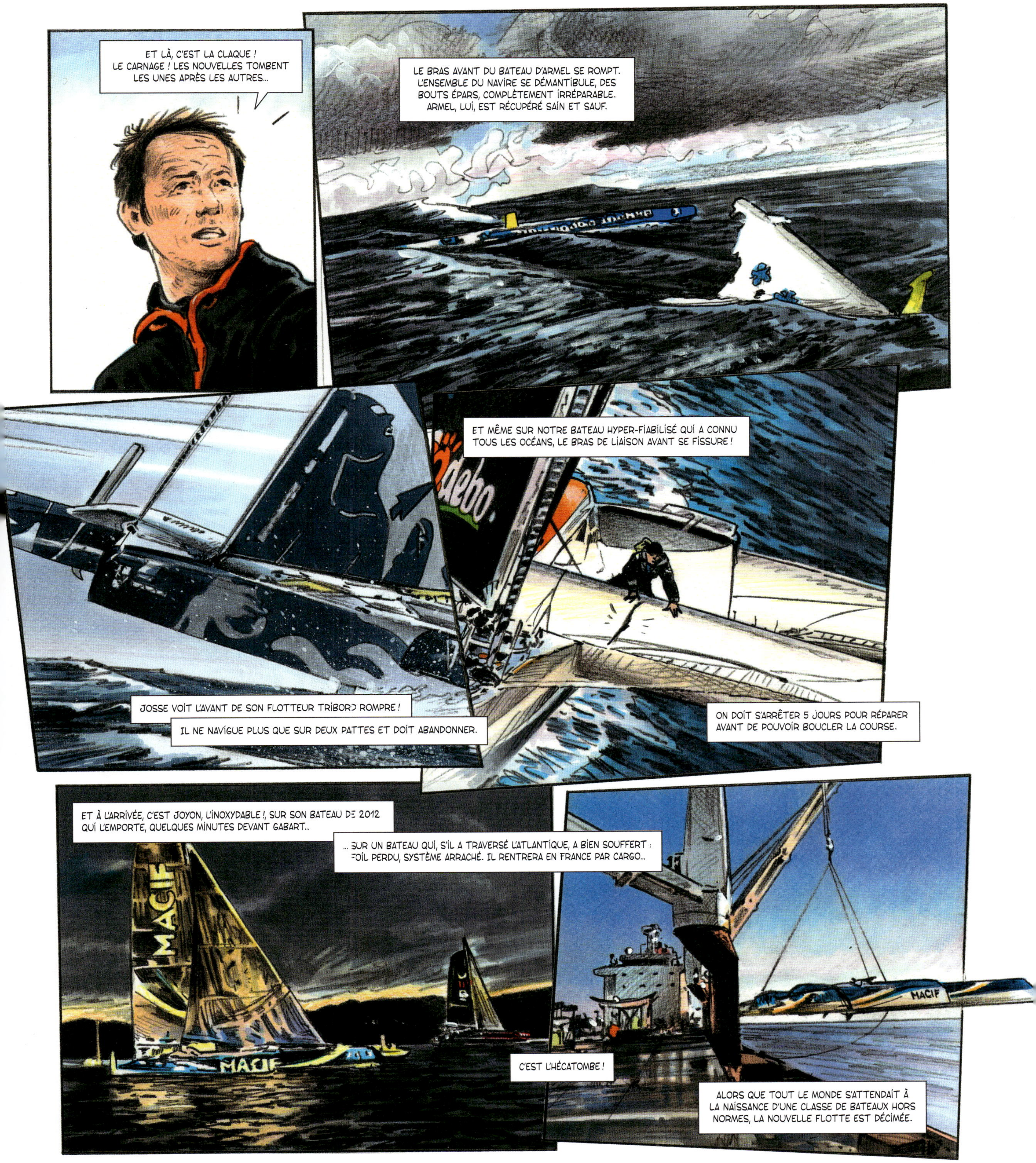
ET LÀ, C'EST LA CLAQUE ! LE CARNAGE ! LES NOUVELLES TOMBENT LES UNES APRÈS LES AUTRES...
LE BRAS AVANT DU BATEAU D'ARMEL SE ROMPT. L'ENSEMBLE DU NAVIRE SE DÉMANTIBULE, DES BOUTS ÉPARS, COMPLÈTEMENT IRRÉPARABLE. ARMEL, LUI, EST RÉCUPÉRÉ SAIN ET SAUF.
JOSSE VOIT L'AVANT DE SON FLOTTEUR TRIBORD ROMPRE !
IL NE NAVIGUE PLUS QUE SUR DEUX PATTES ET DOIT ABANDONNER.
ET MÊME SUR NOTRE BATEAU HYPER-FIABILISÉ QUI A CONNU TOUS LES OCÉANS, LE BRAS DE LIAISON AVANT SE FISSURE !
ON DOIT S'ARRÊTER 5 JOURS POUR RÉPARER AVANT DE POUVOIR BOUCLER LA COURSE.
ET À L'ARRIVÉE, C'EST JOYON, L'INOXYDABLE !, SUR SON BATEAU DE 2012 QUI L'EMPORTE, QUELQUES MINUTES DEVANT GABART...
... SUR UN BATEAU QUI, S'IL A TRAVERSÉ L'ATLANTIQUE, A BIEN SOUFFERT : FOIL PERDU, SYSTÈME ARRACHÉ. IL RENTRERA EN FRANCE PAR CARGO...
C'EST L'HÉCATOMBE !
ALORS QUE TOUT LE MONDE S'ATTENDAIT À LA NAISSANCE D'UNE CLASSE DE BATEAUX HORS NORMES, LA NOUVELLE FLOTTE EST DÉCIMÉE.
MACIF

ALORS IL A FALLU ESSAYER DE COMPRENDRE POURQUOI CES AVARIES ET LA PERTE D'UN BATEAU...
NOUS NOUS SOMMES RÉUNIS AUTOUR DE LA TABLE, TOUS LES SKIPPERS, À RACONTER CE QUE CHACUN AVAIT VÉCU, SON EXPÉRIENCE.
ON A NOTAMMENT COMPRIS QUE POUR NOTRE BATEAU ET CELUI D'ARMEL LE CLÉAC'H, LES DÉGÂTS ÉTAIENT CONSÉCUTIFS À DES CHOCS AVEC DES OBJETS FLOTTANTS.
PUIS LES TRACTATIONS ONT REPRIS.
QUEL ALLAIT ÊTRE LE FUTUR DE NOTRE CLASSE ? DE NOS BATEAUX ?
MILLE FOIS REMETTRE SUR L'OUVRAGE...
Pour la première fois de ma carrière je n'ai plus pu. N'ai plus eu l'envie. Ce moteur auquel je carbure depuis trente ans. J'étais fatigué, lassé. Pas par le bateau ! Pas par la mer ! Mais par la discussion, la négociation, l'humain – moi, les autres, notre inertie –, la réflexion que demande la concrétisation de nos rêves. J'ai baissé les bras en ce mois de janvier 2019.
ET PLUS QUE TOUT, JE NE VOULAIS PAS.
JE NE VOULAIS PAS ACCEPTER L'ÉVIDENCE.
IL FALLAIT REPOUSSER LA COURSE AUTOUR DU MONDE EN SOLITAIRE, PRÉVUE FIN 2019. JUSTE UN AN APRÈS CETTE FAMEUSE ROUTE DU RHUM. ON N'ÉTAIT PAS PRÊTS.
C'ÉTAIT ÉVIDENT, MAIS JE NE POUVAIS PAS L'ACCEPTER. JE COURAIS APRÈS DEPUIS TROP LONGTEMPS, J'AVAIS VU MON RÊVE SE METTRE EN PLACE, C'ÉTAIT À PORTÉE...
SAUF QUE MES CONCURRENTS M'ONT PARLÉ. ILS ONT IMAGINÉ, ONT REMIS LES CHOSES DANS L'ORDRE.

L'ENSEMBLE DU CIRCUIT UNE FOIS REDESSINÉ NOUS EST APPARU ÉVIDENT. J'AI PU ME RÉENCHANTER, ME PROJETER. LE RÊVE DEVENAIT À NOUVEAU PALPABLE, PLUS BEAU ENCORE PAR LE PARCOURS QUI NOUS Y AMÈNERAIT. DE CETTE ROUTE DU RHUM DANTESQUE, UN COLLECTIF ÉTAIT NÉ. PAS SEULEMENT SUR LE PAPIER MAIS BIEN RÉEL, HUMAIN, OÙ L'ENSEMBLE DES SKIPPERS ET ARMATEURS A SU SE PARLER, S'ÉCOUTER, INVENTER UN AVENIR, ÊTRE EN COHÉRENCE.

ET ENFIN, EN MARS 2019, ON A PU SORTIR L'ENGIN.

ON A OUVERT LES PORTES DU HANGAR ET ON A DÉVOILÉ LA PHILOSOPHIE DE NOTRE PROJET.

UN COCKPIT À L'AVANT DU MÂT, UNE GRAND-VOILE QUI VIENT RASER LE PONT, UN CENTRE DE GRAVITÉ QUI S'EN VOIT ABAISSÉ ET LE MAXIMUM DE POIDS CENTRÉ AU POINT D'ÉQUILIBRE DU BATEAU.

CE QUI DONNE UN BATEAU OÙ ON A DÛ TOUT RÉINTERROGER ET QUI NOUS EMMÈNE DANS UNE LARGE PALETTE D'INCONNUS. UN MONDE À DÉFRICHER, UN RISQUE IMPORTANT, TRÈS ! MAIS UNE MOTIVATION ET UN APPÉTIT... GARGANTUESQUES !

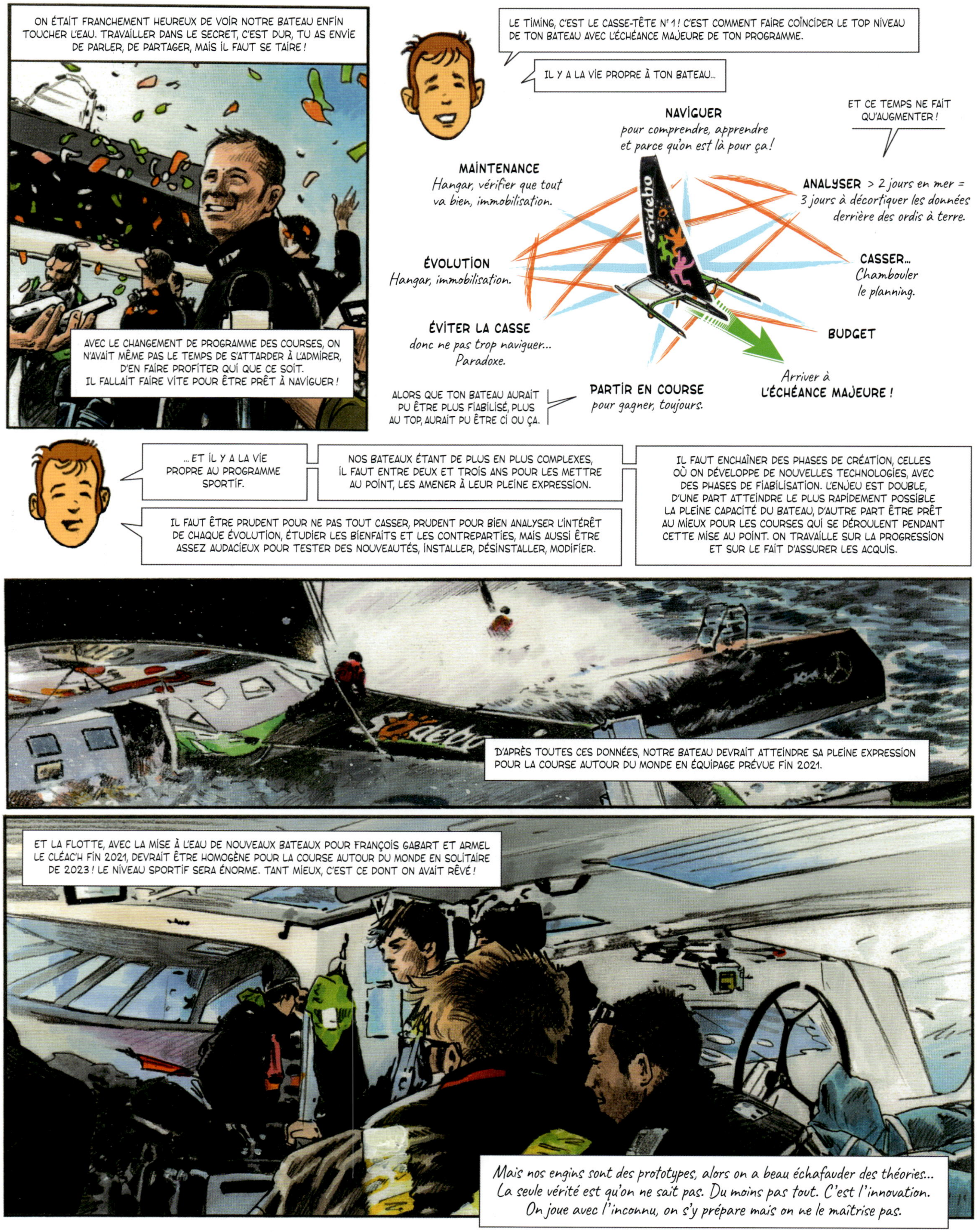
ON ÉTAIT FRANCHEMENT HEUREUX DE VOIR NOTRE BATEAU ENFIN TOUCHER L'EAU. TRAVAILLER DANS LE SECRET, C'EST DUR, TU AS ENVIE DE PARLER, DE PARTAGER, MAIS IL FAUT SE TAIRE !
AVEC LE CHANGEMENT DE PROGRAMME DES COURSES, ON N'AVAIT MÊME PAS LE TEMPS DE S'ATTARDER À L'ADMIRER, D'EN FAIRE PROFITER QUI QUE CE SOIT. IL FALLAIT FAIRE VITE POUR ÊTRE PRÊT À NAVIGUER !
LE TIMING, C'EST LE CASSE-TÊTE N° 1 ! C'EST COMMENT FAIRE COÏNCIDER LE TOP NIVEAU DE TON BATEAU AVEC L'ÉCHÉANCE MAJEURE DE TON PROGRAMME.
IL Y A LA VIE PROPRE À TON BATEAU...
ET CE TEMPS NE FAIT QU'AUGMENTER !
NAVIGUER pour comprendre, apprendre et parce qu'on est là pour ça !
MAINTENANCE Hangar, vérifier que tout va bien, immobilisation.
ANALYSER > 2 jours en mer = 3 jours à décortiquer les données derrière des ordis à terre.
ÉVOLUTION Hangar, immobilisation.
CASSER... Chambouler le planning.
ÉVITER LA CASSE donc ne pas trop naviguer... Paradoxe.
BUDGET
Arriver à L'ÉCHÉANCE MAJEURE !
PARTIR EN COURSE pour gagner, toujours.
ALORS QUE TON BATEAU AURAIT PU ÊTRE PLUS FIABILISÉ, PLUS AU TOP, AURAIT PU ÊTRE CI OU ÇA.
... ET IL Y A LA VIE PROPRE AU PROGRAMME SPORTIF.
NOS BATEAUX ÉTANT DE PLUS EN PLUS COMPLEXES, IL FAUT ENTRE DEUX ET TROIS ANS POUR LES METTRE AU POINT, LES AMENER À LEUR PLEINE EXPRESSION.
IL FAUT ÊTRE PRUDENT POUR NE PAS TOUT CASSER, PRUDENT POUR BIEN ANALYSER L'INTÉRÊT DE CHAQUE ÉVOLUTION, ÉTUDIER LES BIENFAITS ET LES CONTREPARTIES, MAIS AUSSI ÊTRE ASSEZ AUDACIEUX POUR TESTER DES NOUVEAUTÉS, INSTALLER, DÉSINSTALLER, MODIFIER.
IL FAUT ENCHAÎNER DES PHASES DE CRÉATION, CELLES OÙ ON DÉVELOPPE DE NOUVELLES TECHNOLOGIES, AVEC DES PHASES DE FIABILISATION. L'ENJEU EST DOUBLE, D'UNE PART ATTEINDRE LE PLUS RAPIDEMENT POSSIBLE LA PLEINE CAPACITÉ DU BATEAU, D'AUTRE PART ÊTRE PRÊT AU MIEUX POUR LES COURSES QUI SE DÉROULENT PENDANT CETTE MISE AU POINT. ON TRAVAILLE SUR LA PROGRESSION ET SUR LE FAIT D'ASSURER LES ACQUIS.
D'APRÈS TOUTES CES DONNÉES, NOTRE BATEAU DEVRAIT ATTEINDRE SA PLEINE EXPRESSION POUR LA COURSE AUTOUR DU MONDE EN ÉQUIPAGE PRÉVUE FIN 2021.
ET LA FLOTTE, AVEC LA MISE À L'EAU DE NOUVEAUX BATEAUX POUR FRANÇOIS GABART ET ARMEL LE CLÉAC'H FIN 2021, DEVRAIT ÊTRE HOMOGÈNE POUR LA COURSE AUTOUR DU MONDE EN SOLITAIRE DE 2023 ! LE NIVEAU SPORTIF SERA ÉNORME. TANT MIEUX, C'EST CE DONT ON AVAIT RÊVÉ !
Mais nos engins sont des prototypes, alors on a beau échafauder des théories... La seule vérité est qu'on ne sait pas. Du moins pas tout. C'est l'innovation. On joue avec l'inconnu, on s'y prépare mais on ne le maîtrise pas.

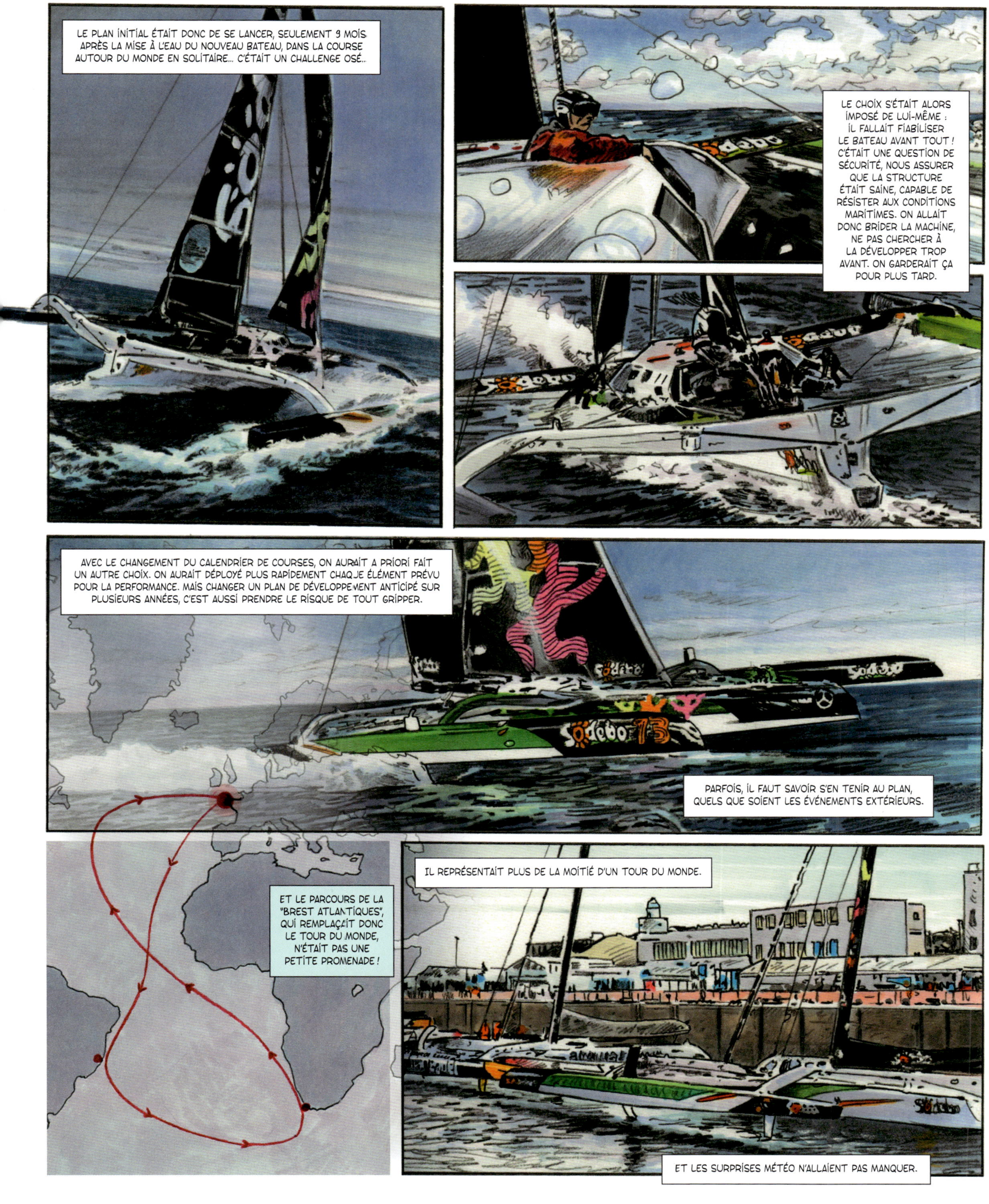
LE PLAN INITIAL ÉTAIT DONC DE SE LANCER, SEULEMENT 9 MOIS APRÈS LA MISE À L'EAU DU NOUVEAU BATEAU, DANS LA COURSE AUTOUR DU MONDE EN SOLITAIRE... C'ÉTAIT UN CHALLENGE OSÉ...
LE CHOIX S'ÉTAIT ALORS IMPOSÉ DE LUI-MÊME : IL FALLAIT FIABILISER LE BATEAU AVANT TOUT ! C'ÉTAIT UNE QUESTION DE SÉCURITÉ, NOUS ASSURER QUE LA STRUCTURE ÉTAIT SAINE, CAPABLE DE RÉSISTER AUX CONDITIONS MARITIMES. ON ALLAIT DONC BRIDER LA MACHINE, NE PAS CHERCHER À LA DÉVELOPPER TROP AVANT. ON GARDERAIT ÇA POUR PLUS TARD.
AVEC LE CHANGEMENT DU CALENDRIER DE COURSES, ON AURAIT A PRIORI FAIT UN AUTRE CHOIX. ON AURAIT DÉPLOYÉ PLUS RAPIDEMENT CHAQUE ÉLÉMENT PRÉVU POUR LA PERFORMANCE. MAIS CHANGER UN PLAN DE DÉVELOPPEMENT ANTICIPÉ SUR PLUSIEURS ANNÉES, C'EST AUSSI PRENDRE LE RISQUE DE TOUT GRIPPER.
PARFOIS, IL FAUT SAVOIR S'EN TENIR AU PLAN, QUELS QUE SOIENT LES ÉVÉNEMENTS EXTÉRIEURS.
ET LE PARCOURS DE LA "BREST ATLANTIQUES", QUI REMPLAÇAIT DONC LE TOUR DU MONDE, N'ÉTAIT PAS UNE PETITE PROMENADE !
IL REPRÉSENTAIT PLUS DE LA MOITIÉ D'UN TOUR DU MONDE.
ET LES SURPRISES MÉTÉO N'ALLAIENT PAS MANQUER.

NOVEMBRE 2019, LE DÉPART EST DONNÉ ENTRE DEUX TEMPÊTES.
sodebo
actual leader
LES QUATRE BATEAUX, AVEC À LEUR BORD LES DUOS FRANCK CAMMAS ET CHARLES CAUDRELIER (QUI REMPLACENT SÉBASTIEN JOSSE), FRANÇOIS GABART ET GWÉNOLÉ GAHINET, YVES LE BLEVEC ET ALEX PELLA, ET BIEN SÛR, THOMAS ET JEAN-LUC, PARTENT DANS DES CONDITIONS DANTESQUES AVEC LEUR PLUS PETITE CONFIGURATION DE VOILES, SEULE LA GRAND-VOILE EST HISSÉE, RIEN À L'AVANT !
LE GOLFE DE GASCOGNE EST TRAVERSÉ EN PLEINE FURIE.
GABART PUIS CAMMAS TAPENT DANS DES OBJETS FLOTTANTS OU DES ANIMAUX… LES DEUX BATEAUX DOIVENT FAIRE ESCALE AU BRÉSIL POUR ÊTRE RÉPARÉS.
THOMAS ET JEAN-LUC EN PROFITENT POUR PRENDRE LA TÊTE DE LA FLOTTE, MAIS DEVANT EUX UNE DÉPRESSION SE FORME PLUS VITE QUE PRÉVU. ILS FONT DEMI-TOUR – TOUJOURS EN COURSE ! – POUR LA CONTOURNER PAR LE NORD !
« C'EST ASSEZ ÉPUISANT À BORD, PARCE QU'AVEC LA VITESSE DES BATEAUX, TOUTES LES DOUZE HEURES, ON RENTRE DANS UN NOUVEAU SYSTÈME MÉTÉO, AVEC UN STRESS DIFFÉRENT À CHAQUE FOIS. » – FRANCK CAMMAS
LA TRAVERSÉE DE L'ATLANTIQUE POUR REJOINDRE L'AFRIQUE DU SUD DEPUIS LE BRÉSIL EST BALAYÉE PAR UNE NOUVELLE TEMPÊTE. ENCORE UNE !

Si l'on fait le bilan sportif, il y a toujours eu match, aucun bateau n'a été largué. Entre le deuxième et le troisième, il y a moins de 5 heures d'écart après 14 000 milles parcourus, 25 000 kilomètres ! Du point de vue des conditions climatiques, ça a été une apothéose de difficultés. La moitié du parcours s'est jouée en tempête. Et bien souvent dans des allures au près, les plus sollicitantes pour les bateaux. Et au final, chaque trimaran a révélé une structure saine, robuste, aucune casse ne mettant en péril l'intégrité du bateau.

Pour notre bilan personnel, bien sûr, on aurait aimé finir, abandonner n'est jamais anodin. Mais c'était la première course du bateau et seulement huit mois après sa mise à l'eau ! Il faut se tempérer... Et les apprentissages ont été légion. On avait une liste prodigieuse d'améliorations à apporter, c'est aussi ça qu'on était venus chercher !

« Forcément, quand on va aussi vite et aussi longtemps, il arrive de petites histoires, c'est aussi le jeu de la course au large. Mais je suis persuadé que ces bateaux, malgré les avaries, sont d'une fiabilité extraordinaire. » – François Gabart
Le point noir, ce sont les chocs avec des "choses" en mer. Il y a celles d'origine humaine, les containers tombés de cargo, les billes de bois et n'importe quelle pollution flottante. Il y en a de plus en plus et si, avec nos nouveaux bateaux, on s'enfonce moins, on n'en "ratisse" que plus large avec nos foils, nos safrans et dérives. Ça augmente le risque de collision. Et puis il y a les chocs avec des animaux... Les vitesses que l'on atteint n'ont plus rien à voir avec ce à quoi sont habitués les cétacés, impossible pour eux de réagir à notre approche. Et on est chez eux, c'est à nous de trouver une solution... qu'on cherche... Mais qu'actuellement on ne trouve pas. Les prochaines années seront déterminantes.
C'est le début d'une ère nouvelle pour nos trimarans et on n'a fait qu'entrouvrir la porte... Elle nous a laissé apercevoir un champ immense de possibilités et de découvertes.
Brest Atlantiques, ça devait être un avant-goût de ce qu'on allait réaliser avec nos bateaux et ça a déjà été, en soi, un événement tout à fait exceptionnel. L'avenir du projet sportif et technologique s'annonce passionnant...
Passionnant !
Quel bonheur d'être là, au début d'une histoire !
Mais d'ailleurs...
Pourquoi êtes-vous venus me voir ?
Pourquoi m'avoir choisi ?

POUR TA MANIÈRE DE FAIRE, D'OSER ET DE NE PAS T'INTERDIRE, TON MOUVEMENT ET TON ALACRITÉ.

SON ALACRITÉ ? ÇA VEUT DIRE QUOI ÇA ?

C'EST UN SENTIMENT DE : *Vivacité et enjouement,* Le Robert™. *Gaieté vive, entraînante,* Larousse®. *État de vitalité, souvent mêlé de bonne humeur et d'entrain,* CNRS.

IL N'EN RESTE PAS MOINS QUE ÇA SONNE MOCHE ET QUE PERSONNE NE L'EMPLOIE PLUS.

PAS FAUX. EN FAIT, J'AI TROUVÉ CE MOT EN CHERCHANT LA DÉFINITION DE "STARTIJENN".

STARTIJENN ? AU MOINS ÇA SONNE BEAUCOUP MIEUX ! L'ENTRAIN EST LÀ.

C'EST UN MOT BRETON.

EN PLUS.

ET C'EST PIERRE-JAKEZ HÉLIAS, DANS "LE CHEVAL D'ORGUEIL" – TU L'AS LU ? FAUT LE LIRE ! –, QUI EN PROPOSE LA PLUS BELLE SAVEUR.

« Je ne crois pas qu'il y ait un seul habitant de ces parages, homme ou femme, qui ne soit redevable au vent, galerne ou suroît, de cette alacrité physique et morale qu'on appelle *startijenn.* Sans lui, beaucoup d'entre nous écouteraient probablement les voix insistantes de la fatalité qui susurrent d'abandonner toute entreprise et de s'asseoir au pignon de la maison pour attendre advienne que pourra. Mais le vent nous tient en joie et en souci. Il nous pousse dans le dos pour nous forcer à l'aventure quotidienne. [...] Les gens doivent crier pour se faire entendre à deux pas. Quand la tourmente a cessé, ils se curent les oreilles, secouent la tête un bon coup pour reprendre leurs esprits. C'est alors qu'ils se sentent rechargés en *startijenn.* Il leur vient une envie de rire. Fade et vieux leur paraît le soleil. »

ALORS, POUR TA MANIÈRE, TON MOUVEMENT, OSER ET NE PAS T'INTERDIRE DE FAIRE. POUR TON STARTIJENN.

MAIS LE STARTIJENN, ÇA NE SUFFIT PAS À DIRE POURQUOI ON EST ALLÉS VOIR THOMAS.

C'EST PLUTÔT COMMENT IL EN USE DE CE STARTIJENN, THOMAS.

UN JOUR, UNE ÉTINCELLE : IL LA VOIT DANS LES YEUX DE LAURENT BOURGNON À SON ARRIVÉE VICTORIEUSE DE LA ROUTE DU RHUM 1994. ET QU'EN FAIT-IL DE CETTE ÉTINCELLE ? QU'EN FAIT-IL DE CE RÊVE ? IL SE MET À SA QUÊTE, CERTES, COMME BEAUCOUP D'ENTRE NOUS, HEUREUSEMENT, MAIS SURTOUT, IL S'Y MET DANS UNE DÉMESURE COMPLÈTE, TOTALE.

MONSIEUR RÊVE D'UNE COURSE ULTIME ? MAIS ELLE N'EXISTE PAS CETTE COURSE ULTIME ! ET QU'À CELA NE TIENNE, IL N'Y A QU'À LA CONSTRUIRE !

ET IL FAUT RÊVER ASSEZ GRAND POUR QUE ÇA PUISSE EMBARQUER D'AUTRES MARINS !

AUCUNE RETENUE, DONNER DE L'AMPLEUR, PRENDRE L'ENVERGURE, NE PAS AVOIR PEUR DE L'AMBITION ET SE L'AUTORISER ABSOLUMENT.

LA DÉMESURE ENTRAÎNANTE.

ÇA DOIT ÊTRE ÇA : LE STARTIJENN QUI SE DÉGAGE DE L'AMBITION.

VOILÀ POURQUOI, IL Y A TROIS ANS MAINTENANT, NOUS AVONS POUSSÉ LA PORTE DU HANGAR OÙ LE TRIMARAN DE THOMAS ÉTAIT ENCORE EN CONSTRUCTION.

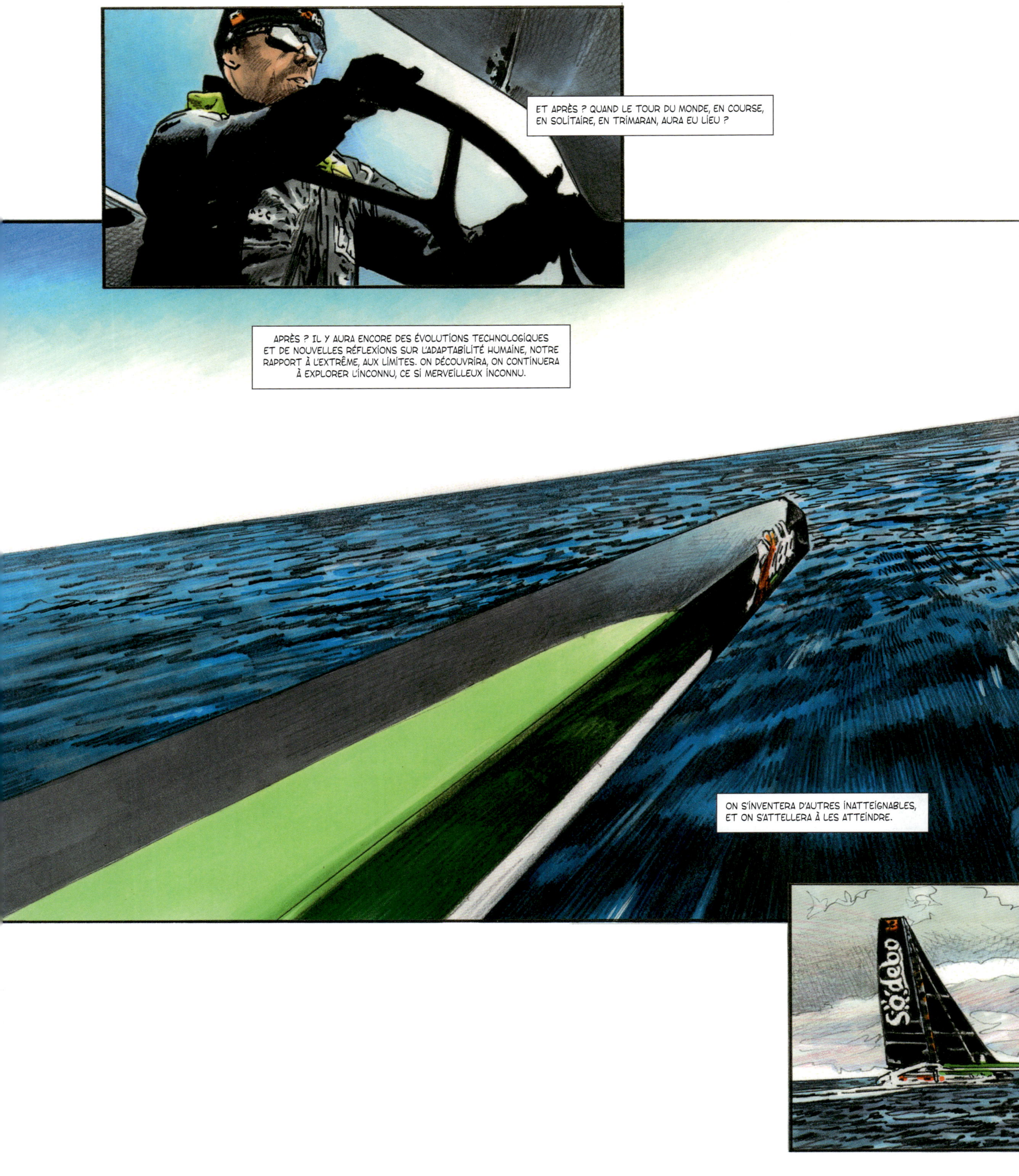
ET APRÈS ? QUAND LE TOUR DU MONDE, EN COURSE, EN SOLITAIRE, EN TRIMARAN, AURA EU LIEU ?
APRÈS ? IL Y AURA ENCORE DES ÉVOLUTIONS TECHNOLOGIQUES ET DE NOUVELLES RÉFLEXIONS SUR L'ADAPTABILITÉ HUMAINE, NOTRE RAPPORT À L'EXTRÊME, AUX LIMITES. ON DÉCOUVRIRA, ON CONTINUERA À EXPLORER L'INCONNU, CE SI MERVEILLEUX INCONNU.
ON S'INVENTERA D'AUTRES INATTEIGNABLES, ET ON S'ATTELLERA À LES ATTEINDRE.
Sodebo

Sodebo
Sodebo
Sodebo
LE MOMENT ULTIME, TU PEUX LE TOUCHER À UN MOMENT DONNÉ, MAIS JUSTE À UN MOMENT ET TOUT DE SUITE IL REPREND LE LARGE. À TOI D'APPAREILLER À NOUVEAU. L'ULTIME, C'EST CE QUI EST DEVANT TOI, L'HORIZON.

EN DÉCEMBRE 2023, SI L'INCONNU NOUS Y MÈNE BIEN, ON SERA À BREST POUR PRENDRE LE DÉPART DE LA PREMIÈRE COURSE AUTOUR DU MONDE, EN SOLITAIRE, EN TRIMARAN. PRESQUE VINGT ANS APRÈS L'AVOIR RÊVÉE, VINGT ANS À LA CHERCHER ET LA CONSTRUIRE. CE SERA UN ULTIME, ASSURÉMENT. UN ULTIME ABSOLU... AVANT QU'UN AUTRE VIENNE PRENDRE LA PLACE.

« L'ÊTRE HUMAIN CONTINUERA À RÊVER, J'AI CONFIANCE. »

« Dans un groupe, il faut des visionnaires comme Thomas qui disent des trucs azimutés. Il faut aussi des gens pour mettre tout ça en musique. Des gens qui ont les pieds sur terre. Et j'ai sans doute le défaut de ne pas être assez rêveur. Thomas c'est quelqu'un qui a ses fragilités. Il n'est pas plein de certitudes, ce qui laisse de l'espace pour l'épauler. Il n'est pas un animal à sang froid, ni un calculateur qui ne laisse de la place à personne. Quand Thomas est fort, c'est intéressant. Quand il l'est moins, tu vas essayer de l'aider car tu sais qu'il entendra ce que tu peux lui apporter. »

Jean-Luc Nélias

PALMARÈS PARCELLAIRE

8 **tours du monde**
4 en solitaire, 6 en multicoque et 2 en monocoque

10 passages du Cap Horn

1 record du **tour du monde en solitaire** en 2016

2 **Trophée Jules-Verne**
Record du tour du monde en équipage
Avec Olivier de Kersauson en 1997
et Franck Cammas en 2010

2 records de l'**Atlantique Nord en solitaire**

1 **Vendée Globe** en 2000
Tour du monde en solitaire en monocoque

6 participations à la **Route du Rhum**
Transatlantique en solitaire
1 victoire en monocoque

1 **Volvo Ocean Race**
Tour du monde en équipage avec escales
Avec Franck Cammas, 1er en 2012

6 participations à la **Transat Jacques-Vabre**
Transatlantique en duo
1 victoire en monocoque, 1 victoire en multicoque

1 **Oryx Quest**
Tour du monde en équipage en multicoque
Avec Brian Thompson, 1er en 2005

2 campagnes pour la **Coupe de l'America**
Avec Marc Pajot

1 **Mini Transat**, solitaire, bateau de 6,50 m

© F. Morin / Team Sodebo

THOMAS COVILLE naît en Bretagne, en 1968, où il goûte à de nombreux sports avant de découvrir la voile. À 16 ans, il débute la compétition tout en poursuivant de hautes études d'ingénieur. Diplôme en poche, le voilà recruté par une grande entreprise… où il "pète un boulon", plaque tout et décide de suivre son penchant pour la mer. Du Tour de France à la voile à la Coupe de l'America, d'équipier d'avant – celui qui se fait brasser par les paquets de mer – à chef de bord – on dit skipper aujourd'hui –, Thomas navigue tant qu'il peut, éclectique, curieux et insatiable.

Au mi-temps des années 1990, c'est la rencontre avec Laurent Bourgnon, la révélation ! Le grand large et le solitaire, voilà la voie qu'empruntera Thomas. Et ce sera, dès 1999, aux côtés de Sodebo qu'il s'alignera sur les plus grandes courses, Vendée Globe, Route du Rhum, Transat Jacques-Vabre, en monocoque tout d'abord, puis en trimaran.

En 2005, la question du futur se pose. Quelle est la direction que Thomas et son fidèle sponsor veulent emprunter ? Le sommet à viser se dévoile alors : ce sera le tour du monde en solitaire en trimaran en compétition. Pour ce faire, un nouveau bateau est mis à l'eau en 2007 avec pour objectif de battre dans un premier temps le record du tour du monde en solitaire. Il se fera désirer… tant et si bien que Thomas, à la fin des années 2010, n'hésitant pas à se remettre en question, rejoint le bord de différents bateaux comme simple équipier. Il croise ainsi son expérience avec celle d'autres skippers.

En 2012, toujours à la recherche de ce record du tour du monde en solitaire, il restructure son équipe dans le but de se consacrer avant tout à son rôle d'athlète. Il propose également à Jean-Luc Nélias, en tant qu'expert de la performance et marin aguerri, de le rejoindre sur le long terme dans la quête de son rêve. C'est aussi à cette époque que Sodebo lance la construction d'un nouveau bateau, à partir de l'ancien *Géronimo* d'Olivier de Kersauson, plus performant, avec toujours cet objectif de tour du monde.

Et c'est avec ce nouveau trimaran que nous retrouvons Thomas Coville, en rade de Brest, le 6 novembre 2016…

Une histoire des tours du monde

Le voyage de Magellan est assurément le premier périple ayant pour but de "faire le tour". Mais Magellan effectua de nombreuses escales et eut la mauvaise idée d'être transpercé par une flèche empoisonnée avant de boucler la boucle. Seuls 30 hommes d'équipage y parvinrent, 237 étaient partis d'Espagne. Factuellement, c'est même Henrique, dit "de Malacca", l'esclave de Magellan, qui fit le premier tour du monde, d'Indonésie, où il avait été acheté en 1511 au cours d'un précédent voyage, à l'Indonésie, où il revint en 1521 via l'expédition de celui-ci. Le premier homme a avoir bouclé une circumnavigation aura donc mis une dizaine d'années et était un esclave, joli pied de nez de l'Histoire.
Mais rendons à Magellan l'élévation du tour du monde au rang d'ultime ! Car oui, **Magellan rêvait d'accomplir ce tour pour ce qu'il était : un exploit, un graal.** En tout cas, il nous plaît ici de le croire, même si l'exactitude de cette affirmation est sujette à caution... Ses sponsors, c'est-à-dire la couronne d'Espagne associée à quelques commerçants, en revanche – on le sait –, n'en avaient cure et n'y voyaient qu'un moyen de se remplir les poches en négociant des épices.

La Victoria, seul des 5 bateaux de Magellan ayant bouclé le tour du monde.

Mais pour qu'il y ait tour de la planète, **encore fallait-il imaginer qu'elle soit ronde !** Et cela faisait au moins depuis le IIIe siècle avant J.-C. qu'on en était persuadé. Le Grec Ératosthène, notamment, était même allé jusqu'à en calculer la circonférence théorique de manière fort juste ! Bien sûr, plusieurs périodes d'obscurantisme remirent en cause cette rotondité, mais ce savoir ne s'éteignit jamais et le premier globe terrestre dont on a gardé trace date de 1492. On voit donc qu'avant de réaliser le premier tour du monde, de nombreux géographes le pensèrent et le rêvèrent !

Mais déroulons le fil de l'histoire et passons directement presque quatre siècles plus tard, en 1895, à la légende Joshua Slocum ! Il boucle la **première circumnavigation en solitaire**, à bord d'un bateau construit presque un siècle plus tôt (!), prévu pour la pêche aux huîtres, de 11 mètres de long, à comparer aux 18 mètres des bateaux du Vendée Globe d'aujourd'hui. Son périple dura trois ans et débuta à Boston (États-Unis). Dénué de tout enjeu sportif, il fut ponctué d'escales de plusieurs mois. Fait étonnant – tout comme celle de Magellan, mais

▌Joshua Slocum et son *Spray*.

là le commerce l'imposait –, cette première giration planétaire en solitaire a été effectuée d'est en ouest, c'est-à-dire contre les vents dominants !
Nous pouvons considérer Joshua Slocum comme le fondateur de "l'esprit tourdumondiste" partagé encore aujourd'hui par la plupart des plaisancières et plaisanciers qui tournent autour du globe. Mais notons que le navigateur resta assez nord durant toute sa navigation. Excepté pour passer le Horn, il ne descendit jamais, ou si peu, sous les quarantièmes, la traversée du Grand Sud restait donc à faire.

C'est en 1942 que l'Argentin Vito Dumas se lance dans une traversée Buenos Aires-Buenos Aires en se maintenant justement aux alentours du 40e parallèle. Exploit – revendiqué sportif et "pour la patrie" – qu'il réalisa en solitaire et avec escales.

Il faut attendre 1968 pour que tous les éléments qui nous intéressent soit réunis : un tour du monde, en solitaire et sans escale. C'est le journal anglais *The Sunday Times* qui propose ce Golden Globe Challenge. Neuf concurrents prennent le départ et seul **Robin Knox-Johnston**, citoyen britannique, sir RKJ puisque anobli par la reine à son retour, réussit à boucler la boucle. Seul participant sur neuf à revenir à son point de départ… les courses autour du monde ne seront jamais une sinécure. Knox-Johnston réussit l'exploit en 313 jours et inscrit son nom au panthéon de l'histoire de la voile. Bernard Moitessier, un autre participant à cette course, s'illustre également de belle manière. Au fur et à mesure des milles parcourus, son tour du monde s'écrit dans une démarche de plus en plus philosophique. La notion sportive s'éclipse totalement – l'homme avant même son départ y est plutôt rétif – et, alors qu'il est en tête et a pour ainsi dire course gagnée, décide, après avoir entamé la remontée de l'Atlantique Sud, d'abandonner et poursuivre son périple.

▌*Suhaili* et son skipper, Robin Knox-Johnston.

Il prévient la terre : « Je continue sans escale vers les îles du Pacifique, parce que je suis heureux en mer, et peut-être aussi pour sauver mon âme. » C'est trois mois plus tard qu'il accoste finalement à Papeete, en Polynésie, après avoir effectué un tour du monde et demi..
Il aura réalisé un tour du monde et demi, soit plus de 37 000 milles, 68 500 km, en solitaire et sans escale.
"Faire une Moitessier", à notre connaissance jamais

Le *Victress* de Nigel Tetley.

réitérée depuis, est entré dans le langage maritime, désignant tant l'abandon de course par souhait de rester en mer que l'engagement dans un nouveau tour du globe alors qu'on est en passe d'en boucler un. Son bateau s'appelait *Joshua*, en hommage au pionnier de la circumnavigation plaisancière.
L'autre marin ici à remarquer de ce Golden Globe Challenge est Nigel Tetley. Il s'élança à bord d'un... trimaran ! Moitessier ayant déclaré son abandon, il devint le grand favori de la course, son bateau donnant toute satisfaction. Malheureusement, une péripétie de course fit qu'il décida de cravacher sans relâche et à 1200 milles de l'arrivée, son trimaran en contreplaqué, fatigué, usé, trop sollicité, se brisa et sombra. Le skipper fut récupéré à bord de son radeau de survie et laissa donc la victoire à Knox-Johnston.

À partir de la fin des années 1960, le rêve d'un tour du monde, que ce soit en équipage ou en solitaire, associé au défi sportif, en course ou en record, n'est donc plus inaccessible. Plusieurs marins vont se lancer dans l'aventure. Qui en monocoque, qui en multicoque, qui avec escales ou sans, ils et elles – car quelques femmes, plus rares encore, s'y attaqueront – seront très peu à réussir à rallier leur port de départ.

Pour que le premier trimaran mené en solitaire accomplisse un tour du monde, il faut attendre 1973 qu'Alain Colas s'élance de Saint-Malo sur *Manureva*. Il bouclera le tour en 169 jours, 32 de mieux que le record, alors détenu par Francis Chichester en monocoque. Il fera toutefois une escale à Sidney.

Mais 1973, c'est aussi la naissance de **la première course autour du monde pérenne**. En effet, alors que le Globe Challenge de 1968 n'était qu'un "coup" sans réitération et sans réelle organisation de course, la Whitbread peut

Le trimaran *Manureva* d'Alain Colas est l'ancien *Pen Duick IV* d'Éric Tabarly.

être considérée comme la véritable première course autour du monde, elle se court **en équipage et avec escales**.

Dès lors, le schéma de développement de la course autour du monde suit **une progression étape par étape**. On y va en équipage, puis en solo, mais en s'imposant des escales et enfin, le grand bain, la circumnavigation complète, d'une seule traite, en solitaire. Mais comme tout n'est jamais simple, pour pousser l'avancée de ces étapes, on commence par s'engager seul, en record, en franc-tireur ou dans le cadre d'un trophée encadrant ce record. Le plus dur étant rarement de trouver les marins prêts à s'élancer dans une nouvelle étape tant l'attirance maritime est forte ! Non, le plus dur est de convaincre des sponsors, car chaque nouvelle étape a un coût et surtout, comme pour toute première, des incertitudes importantes.
Il arrive également qu'une course se mette en place et que seule une édition ait lieu. La pérennisation n'est pas au rendez-vous, il faut alors faire un pas en arrière, consolider la marche précédente.

Cette consolidation, **c'est la promesse de la classe Ultim**. Au calendrier, autour du monde en multicoque, sont inscrites une course en équipage, au départ de Nice, puis – l'ultime tant espéré, imaginé, patiemment construit – une course en solitaire, la Brest Oceans. Toutes les deux sont organisées avec l'ambition de s'inscrire dans le temps. Bienvenue, l'histoire des tours du monde n'est pas près de s'arrêter.

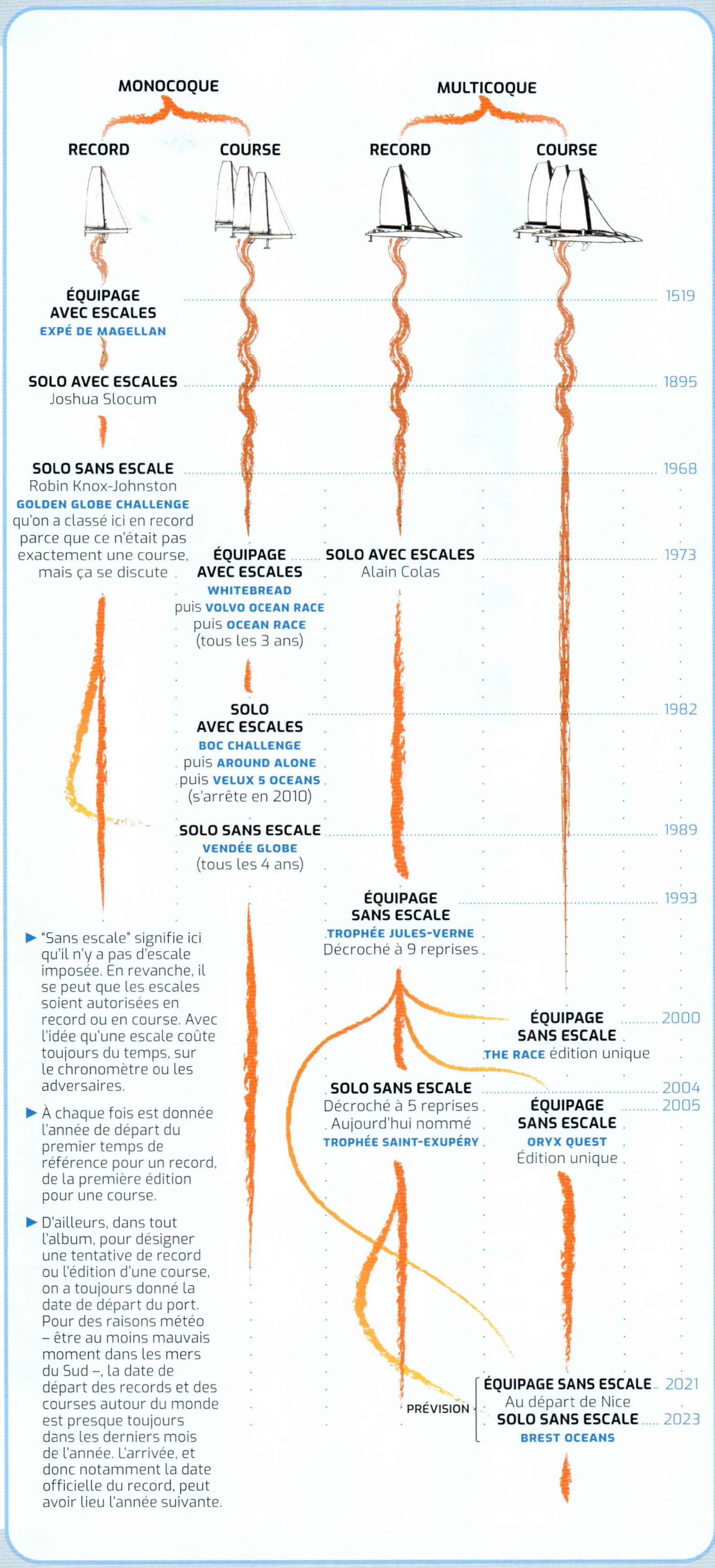

L'écriture de ce livre s'est achevée au printemps 2020.

Au-delà de cette date, rien certainement ne se passera comme nous l'avons prédit et c'est bien pour cela que nous l'avons écrit. Notamment, les skippers, bateaux, sponsors représentés au départ de Brest Oceans, en 2023, aux premières pages de ce livre, seront-ils présents ? L'inconnu, nous y voilà à notre tour.

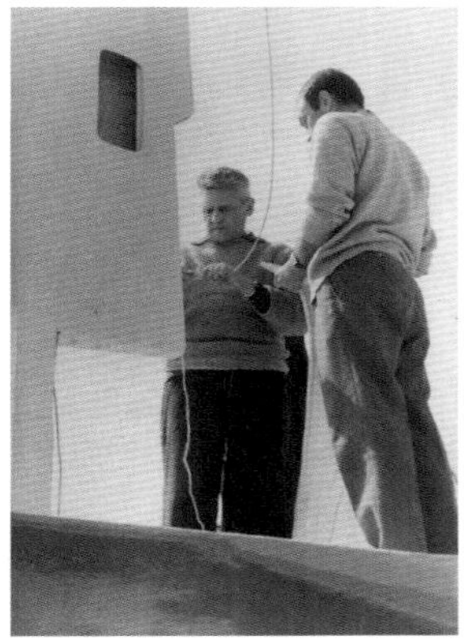

Grand-père Garreta, dans les années 1950, a construit, avec ses fils, de nombreux multicoques dans son garage. Expérimentations d'un mât-aile, de foils, de ballasts, tout cela en bois moulé. Les essais au large de Saint-Malo étaient sportifs : vitesses vertigineuses – selon les dires des protagonistes – et nombreuses casses... En 1960, il met à l'eau un trimaran de 17 mètres, taillé pour la course, beaucoup plus grand que ses prédécesseurs et à bord duquel toute la famille – 10 enfants ! – fera l'expérience de la navigation. L'envie de ce livre est peut-être née là.

Au gars-père, à mes gars et à mon père — *Renaud*

Alexandre & Renaud remercient Gisèle Pape, Ann et Louise Garreta

Ainsi que :

Thomas Coville, bien sûr et avant tout !, Aline Massoutié et Maud Kergoat, Jean-Christophe Moussard, Élie Canivenc, Jean-Luc Nélias, Patricia Brochard, Pascal Cadorel, Aline Bourgeois, Jacques Gamblin, Thierry Douillard et Samantha Davies, Sébastien Stéphant, Frédéric Morin, Tiffany Dupuis, Estelle Kervarec, Thomas Grasset et toutes les équipes Sodebo de Montaigu, La Trinité et Lorient ! Pascal Croset, Didier Ravon, Jo Valenza, Jules Justo, Charlotte et Nico Libertalia, Yann, Myriam, Elliot et Paul Rochas, Thomas, Marie, Lili et Garance Michel, toute l'équipe Dargaud (Adeline, Anaïs, Armelle, Aurélie, Benoît, Christophe, Cinthia, Éva, François, Hélène, Marie, Mélanie, Philippe, Yohan), Céline de Quéral, Catherine Decayeux et Emmanuel Justo.

Et aux photographes qui nous rendent les tours du monde, en mer, accessibles :
Yvan Zedda, Jean-Marie Liot, Eloi Stichelbaut, Vincent Curutchet, Bernard Le Bars et Martin Keruzoré !

Thomas est à suivre sur www.sodebo.com/aventure-voile/
Alexandre et Renaud sur www.dargaud.com, entre autres.

Dépôt légal : août 2020 • ISBN 978 2205 07981 4 • Imprimé et relié en juillet 2020 par PPO Graphic – 10, rue de la Croix-Martre, 91120 Palaiseau, France